Num reino à beira do rio

Rachel Jardim

Num reino à beira do rio

Apresentação
Pinho Neves

Estudo crítico
Alexei Bueno

JOSÉ OLYMPIO
EDITORA

Rio de Janeiro, 2012

© Rachel Jardim

Reservam-se os direitos desta edição à
EDITORA JOSÉ OLYMPIO LTDA.
Rua Argentina, 171 – 2º andar - São Cristóvão
20921-380 - Rio de Janeiro, RJ - República Federativa do Brasil
Tel.: (21) 2585-2060
Printed in Brazil / Impresso no Brasil

Atendimento direto ao leitor:
mdireto@record.com.br
Tel.: (21) 2585-2002

UNIVERSIDADE FEDERAL DE JUIZ DE FORA
Reitor, Henrique Duque de Miranda Chaves Filho / *Vice-reitor,* José Luiz Rezende Pereira / *Pró-reitor de Cultura,* José Alberto Pinho Neves / *Comissão Editorial MAMM,* Antenor Salzer Rodrigues, Christina Ferraz Musse, Edimilson de Almeida Pereira, José Alberto Pinho Neves, Sonia Regina Miranda, Valéria Faria de Cristofaro, William Valentine Redmond.

ISBN 978-85-03-01152-5

Capa: Isabella Perrotta/Hybris design
Diagramação: Nathália Duque
Revisão: Ronald Polito

Livro revisado segundo o novo Acordo Ortográfico da Língua Portuguesa.

CIP-BRASIL. CATALOGAÇÃO NA FONTE
SINDICATO NACIONAL DOS EDITORES DE LIVROS, RJ

J42n Jardim, Rachel, 1926-
  Num reino à beira do rio / Rachel Jardim; apresentação
  Pinho Neves; estudo crítico Alexei Bueno. - Rio de Janeiro :
  José Olympio ; Juiz de Fora, MG : UFJF , 2012.
  184p. (Sabor Literário)

  ISBN 978-85-03-01152-5

  1. Poesia brasileira. 2. Ficção brasileira. I. Universidade Federal
  de Juiz de Fora. II. Título.

12-1852.   CDD: 869.91
                                                    CDU: 821.134.3(81)-1

SUMÁRIO

Apresentação   9
A cópia dos poemas   17
Num reino à beira do rio   23
Um caderno poético   71
O poeta e o álbum   117

(...) a tarde pré-industrial levanta a cauda, gigantes entre a folhagem cavalgam valquírias da fábrica de cerveja José Weiss (...)
Murilo Mendes in *A idade do serrote*

Les lieux que nous avons connus n'appartiennent pas qu'au monde de l'espace où nous les situons pour plus de facilité. (...) et les maisons, les routes, les avenues, sont fugitives, hélas! comme les années.

Os lugares que conhecemos não pertencem tampouco ao mundo do espaço, onde os situamos para maior facilidade. (...) e as casas, os caminhos, as avenidas são fugitivos, infelizmente, como os anos. (Tradução Mario Quintana)
Marcel Proust in *Du côté de chez Swann*

APRESENTAÇÃO

Pastoreada pelo rio Paraibuna, iluminada por inerte "sol das almas" (Rachel Jardim), aturdida no silêncio pelas sirenes das fábricas de tecido, a cidade, no frenesi do menino Murilo, é um lugar quimérico, mítico e sonoro, destituído de limites geográficos e históricos. "Juiz de Fora naquele tempo era um trecho de terra cercado de pianos por todos os lados", escreve Murilo Mendes in *A idade do serrote*. Nela, aos 7 anos, aprendeu a rimar e metrificar com o escritor Belmiro Braga, sua segunda Sheherazade, sendo Sebastiana, a serviçal-negra-babá da casa dos Mendes, a primeira. A cidade, outrora Santo Antônio do Juiz de Fora da Comarca do Paraibuna, é concebida pelo poeta como um *locus amoenus*, uma ilha. As ilhas, a exemplo da ilha de Cirne, na *Odisseia* de Homero, geralmente são associadas ao fascinante, ao miraculoso, como assevera a história de S. Brandão. Ao descrevê-la, Murilo ritualiza em palavras o colóquio dos tempos e outorga reconhecimento às origens que o atam à terra-mãe, terra das macieiras da Califórnia, onde poetas coabitam em torres de ametista. Torres e minaretes que lhe conferem aspecto de lugar oriental, símile ao falso Oriente do papel de parede do seu quarto na avenida Rio Branco, número 4, bosquejado por Murilo em carta de 13 de novembro de 1943, dirigida à amiga Vieira da Silva: "[...] e o Oriente falso às vezes nos parece mais verdadeiro que o verdadeiro". A terra edenizada à qual o poeta alude, como no célebre verso de Quevedo "Roma não está mais em Roma", Juiz de Fora não está mais em Juiz de Fora.

Ainda que manifestasse interesse na poesia que lhe fora anunciada, em 1910, aos 9 anos, na visão da passagem no céu do cometa de Halley e, em 1917, aos 16 anos, na proclamação da eficácia da dança sediosa de Nijinsky, que, por sua virtuose, era chamado de "Vestris do Norte", numa alusão ao bailarino francês Auguste Vestris, Murilo Mendes, até então, não ostentava a outorga de poeta, o que só aconteceu com o sucesso da publicação do livro *Poemas* (1925-1929), abalizado por Mário de Andrade como historicamente o mais importante dos livros editados em 1930, ano de glória da poesia brasileira, reconhecimento atestado pela obtenção do Prêmio Graça Aranha de poesia.

Mais tarde, Murilo tornar-se-á "um dos quatro ou cinco bichos-da-seda de nossa poesia, isto é, os que tiram tudo de si mesmos" (Manuel Bandeira in *Apresentação da poesia brasileira*); converter-se-á num poeta do mundo.

Possuidor de irrefutável memória na qual eternizam-se lugares e pessoas, o poeta residia na rua da Imperatriz, número 508, em 1919, tendo na vizinhança a casa da bela Maria Luiza de Carvalho, quando, impregnado de poesia, transparecendo genialidade associada à rebeldia social e familiar, Murilo, com 18 anos, atende à solicitação de Maria Luiza e copia, em seu caderno-diário, 37 poemas que revelam involuntariamente sua formação literária. Do tempo literário desses poemas, raros são os vestígios de sua permanência na obra muriliana, pois, como afirma Alexei Bueno in "O poeta e o álbum", Murilo Mendes é vanguardista e transgressor.

Perpassou-se o tempo, e o caderno-diário, relíquia memorial da juventude na rua da Imperatriz, passou às mãos de Rachel Jardim após a morte de sua mãe, Maria Luiza, senhora de muitas virtudes que, aos 88 anos de idade, libertou sua represada criatividade guardada por quase toda a vida e pôs-se a pintar delicadas aquarelas de frágeis flores murilianas.

Publicar esta seleção poética composta de 37 poemas de 27 poetas é reverenciar o tempo, seus personagens e a cidade.

Conquanto o maisquerer poético acarrete predileção particular, Murilo, ao duplicar os poemas, com letra bem talhada, cultiva atitude de monge copista medieval sem poder de criação. Perspicaz, é possível que quisesse, como leitor experimentado, orientar Maria Luiza nos gostos literários. Serve-se da asserção do *Códice Asteca* de 1524, que diz: "Os que leem, os que nos contam o que leem, [...] são eles que nos conduzem, que nos guiam, que nos mostram o caminho".

Opera a filtragem dos poemas pelo arbítrio da sua formação poética, de sua determinação cultural iniciada nas lições do mestre Belmiro Braga. Incorpora o *Funes* de Borges, homem que se lembra de tudo, destituído do privilégio de esquecer.

A antologia poética de Murilo Mendes originou *Num reino à beira do rio*, produto do anseio da admirável proustiana Rachel Jardim, romancista da memória, que submete esta seleção aos pesquisadores oferecendo-lhes curioso material, incitando-os à crítica sobre a possibilidade do pertencimento e da relevância deste ao universo do poeta mineiro.

A impenitente Rachel de "equilíbrio machadiano do pensamento", como a exalta o acadêmico Carlos Nejar in *História da cultura brasileira*: da Carta de Caminha aos contemporâneos, apresenta em *Num reino à beira do rio* um proêmio esclarecedor ao texto primordial, homólogo do título do livro, segmentado em sete movimentos que enquadram a provinciana cidade de ares futuristas, muriliana terra inolvidável; a rua da Imperatriz é cenário e alma da espécie de "romance literário" vivido por Maria Luiza e Murilo Mendes, personagens da história descortinada em Juiz de Fora, "Reino à beira do rio", proposição recuperada das fábulas infantis que, intencionalmente, nos guia ao poema de Edgar Allan Poe, "Annabel Lee": "Foi há muitos e muitos anos já, / Num reino de ao pé do mar. / Como sabeis todos, vivia lá [...]".

Recuperando os versos de Poe que seu pai lhe recitava às margens do Paraibuna, Rachel termina seu texto com uma elegia, confissão afetuosa à sua cidade natal, *Kingdom by the "sea"*, para ela "Reino à beira do rio": "Se eu me esquecer de ti, Juiz de Fora, como no salmo, minha mão direita se resseque e que a língua se me pregue no céu da boca [...]. Como teria sobrevivido se não tivesse nascido de ti, Juiz de Fora? De onde teria ido buscar tanto orgulho e altivez se não tivessem vindo de ti? Minha Minas de ferro é esta, a das duras ferramentas de tuas velhas fábricas hoje mortas, vivas nas camadas em que te desenterro. Ao emergir do sono, às vezes, me sinto em ti, te encontro e perco em fração de segundos. Mas tudo isso é falso, jogo dos sentidos. Porque jamais te perdi. E o tempo o que é? Fluxo constante em que passeio em ti".

Sob a designação de "O poeta e o álbum", Alexei Bueno, crítico conceituado de sua geração, oferece ao leitor um curto perfil de Murilo Mendes e, após, analisa os criadores e seus poemas integrantes do álbum, como elegeu chamar o caderno-diário. Propõe-nos que releguemos nossa percepção do universo muriliano e nos incita a dedicar devotamento às 43 páginas que compõem a seleção caligráfica amarelada de Mendes. Inquire se o conteúdo do álbum espelha o que poderíamos qualificar de gosto popular em 1919, já que, indubitavelmente, alguns dos poetas e poemas selecionados persistiram no tempo e, apesar do escasso mercado do gênero poesia, ainda hoje, de quando em quando, são evocados pela predileção popular.

A crítica concisa de Bueno nos impulsiona à reflexão acerca da compreensão do conjunto poético do álbum, a respeito da presença das escolas, à origem e relevância dos 37 poemas, sendo 34 originais e três traduções da língua alemã. Conclui seu estudo, desenvolvido entre 23 e 28 de janeiro de 1999, sentenciando: "As origens, razões e atribuições da escolha, estas estão perdidas no tempo, e o que nos resta é ler os poemas e conviver com o mistério".

Talvez Murilo Mendes nunca tenha se recordado de sua efêmera missão de copista, praxe usual do universo feminino na primeira metade do século XX. Talvez Maria Luiza de Carvalho jamais perceba o valor da solicitude memorável consignada no seu caderno-diário, objeto almejado por colecionadores.

José Mindlin, em 28 de novembro de 2007, em carta endereçada a Rachel Jardim lhe agradecendo o envio da primeira edição especial de *Num reino à beira do rio* (Juiz de Fora: Funalfa, 2004), lhe exprime renovada admiração e enuncia sobre a significância do caderno escrito por Murilo Mendes. Registra quão valiosa contribuição representaria incluí-lo na sua biblioteca, onde já reside a copiosa correspondência de Murilo com Carlos Pinto Alves, intelectual paulista dos anos 1950. Pondera à amiga de inesquecíveis conversas sobre possibilidade de sua abdicação do caderno-diário: "Se você ainda estiver disposta a sacrificar o caderno a meu favor, ficar-lhe-ia muito grato. Para sua tranquilidade e compreensível interesse, devo dizer-lhe que a parte brasileira da biblioteca foi doada à Universidade de São Paulo, onde o caderno certamente poderá provocar as pesquisas a que você se refere em sua carta".

Por vicissitude ou predestinação da sorte, o caderno-diário regressa à cidade-parnaso, Pasárgada negada aos protagonistas pela parca Átropos, que malogrou a confluência dos fios de vida urdidos por Cloto, onde, no silêncio das horas mortas, o poeta contemplou o cometa, anjo de anunciação do mistério de todas as coisas. Fenômenos imprevisíveis e temidos, os cometas, no passado, foram interpretados como prenunciadores de catástrofes e de sinais divinos. Confirmando a importância do cometa que muito o impressionou, Murilo escreve "Nova cara do mundo", publicado, em 1929, na segunda dentição da *Revista de Antropofagia*: "O cometa passa e arrasta um pouco da minha alma. [...] O cometa me traz o anúncio de outros mundos / e de noite eu não durmo / atrapalhado com o mistério das coisas visíveis. / No rabo imenso do cometa / passa a luz, passa a poesia, todo o mundo passa!".

Restituído à origem, agora, o cobiçado caderno-diário integra o arquivo documental da morada consagrada ao poeta, Museu de Arte Murilo Mendes, da Universidade Federal de Juiz de Fora.

Fonte inesperada de descobertas e ilações de expertos, *Num reino à beira do rio* redunda em matéria de alumbramento e sonho, e o caderno-diário de Maria Luiza se transfigura em essencial fonte de reminiscências.

O poeta volve ao paraíso nunca perdido, reaquisto no livro *A idade do serrote*, escrito, como prenuncia Octavio Paz, "não para matar o tempo, mas para revivê-lo".

Pinho Neves

A CÓPIA DOS POEMAS

Copiar textos já foi uma forma de amor. Ao se sentar, pegar da pena, molhá-la no tinteiro, transcrever as palavras com a letra mais caprichada, buscava-se atingir o coração, a alma, as entranhas do autor. Professores de português, que então conheciam a literatura pela própria leitura e não por comentários acadêmicos, davam a seus alunos, como exercícios, a tarefa de passar para o papel páginas por eles selecionadas. Era uma extraordinária homenagem que se prestava ao escritor copiar-lhe as páginas preferidas. A transcrição literária feita à mão foi, na época, algo a ser levado a sério. Se corrêssemos atrás dos álbuns de moça do século XIX e início do século XX, nos depararíamos não só com textos inéditos, mas também com transcrições feitas em caligrafia cuidadosa por intelectuais de renome. Dificilmente, porém, se achará uma seleção tão vasta como a do álbum de minha mãe. Em geral, apenas um poema ou uma página de prosa eram copiados. Murilo Mendes não tinha ainda publicado poesia quando copiou os versos no caderno. Mas a quantidade de poemas revela o prazer com que executou a incumbência. Acredito que tenha tido momentos de plena felicidade ao escrever cada linha no seu quarto da rua da Imperatriz, impregnando-se de poesia.

No caso do álbum de minha mãe há uma história curiosa a contar: durante anos eu o confundi com outro, provavelmente o de minha tia Glorinha. Neste havia um texto em prosa (poema em prosa?) da lavra de Murilo, que falava de um homem tão preocupado porque tinha uma conta a pagar que não podia se enternecer com a noite estrelada. Lembro-me de que o álbum era cheio de textos e poemas de vários escritores, alguns no início de suas carreiras. Se não me engano, havia Drummond e Augusto de Lima. Não sei que fim levou esse caderno. Quando descobri que o tinha confundido com o de minha mãe, tentei encontrá-lo. Ninguém sabia dele, muito menos minha tia, já então muito doente.

Quantos livrinhos desse tempo terão se perdido por aí? Milagrosamente o de minha mãe sobreviveu. Nunca havia prestado muita atenção a ele nem aos versos de Murilo, até que, depois da morte dela, passei a folheá-lo amorosamente, na esperança de ali encontrar alguma coisa viva. Ao fazer isso, percebi que o álbum-diário era um documento importante não só para o conhecimento da cidade de Juiz de Fora no início do século XX, de sua forma de viver, de sua sociedade, mas também de uma fase da vida e do sentir poético do nosso poeta. Um estudo dessa fase da cidade e dessa fase da vida de Murilo poderia ser feito a partir do caderno. Lendo de novo *A idade do serrote*, constatei que as memórias de Murilo se debruçam, em parte, sobre a época abrangida pelo álbum. Minha mãe tinha então 17 anos, e Murilo, 18. Sendo eu uma escritora de espírito memorialístico, encontrei no caderno elementos preciosos para reconstruir a cidade naqueles anos, traçar seus contornos urbanos, visualizar a forma de viver de uma sociedade hoje bastante transformada.

Conheci o fim de uma era industrial e não peguei a era universitária.

Quando abandonei Juiz de Fora, se ouvia o apito das fábricas ao meio-dia. O barulho desse seria substituído pela algazarra do campus universitário. Não peguei a Juiz de Fora constestatória e libertária dos anos de chumbo. Murilo teria se orgulhado dela, e eu mesma me orgulho. Também da sua vida cultural, da recuperação de alguns lugares tão gratos a mim, como o Cinema Central, a Academia de Comércio, a Fábrica Bernardo Mascarenhas. E sobretudo da criação do

Centro de Estudos Murilo Mendes,[1] da instalação ali de sua pinacoteca e parte de sua biblioteca.

A sugestão do nome de Alexei Bueno para analisar os poemas transcritos por Murilo foi minha. Tenho a certeza de que teria agradado a Murilo, se este fosse vivo. Alexei conhece bem os gêneros literários abrangidos pelos textos escolhidos, os retoma no seu fazer literário, tem uma visão abrangente da modernidade (palavra que talvez precisasse ser substituída).

José Alberto Pinho Neves, então superintendente da Funalfa, compreendeu, de estalo, a originalidade do projeto e não poupou esforços para levá-lo a cabo. Agora, como pró-reitor de cultura da UFJF, achou por bem reeditá-lo, uma vez que a primeira edição se esgotara.

Trabalhos universitários vêm sendo feitos com base no livro sem que os estudantes e professores tenham condições de encontrá-lo com facilidade.

Quanto a mim, filha da terra, estou, por todos os motivos, feliz. Sempre invejei minha mãe por ter convivido com Murilo Mendes, por ter merecido da parte dele a homenagem da transcrição, em seu álbum de moça, de tantos poemas. Passei toda a minha vida a espreitar o poeta. Agora, ao conceber este projeto e

---

[1] O Centro de Estudos Murilo Mendes, inaugurado em 1994, deu origem ao Museu de Arte Murilo Mendes, criado, com amplas finalidades culturais, em 2005.

nele trabalhar, de certa forma sinto que posso, afinal, olhá-lo de frente. Não mais na rua da Imperatriz, mas solto no espaço, saído da imortalidade em que fui buscá-lo para juntá-lo a minha mãe em Juiz de Fora. Que a juventude e a beleza de ambos, naquele momento, iluminem este livro.

Rachel Jardim

NUM REINO À BEIRA DO RIO

UM LEGADO DA JUVENTUDE

Não sei como começar a contar esta história narrada a mim aos pedaços, com longos intervalos, na qual ambos os personagens estão mortos. Um deles, minha mãe, conheci bem, se é que se pode conhecer alguém nesta vida. O outro conheci como legenda e nada posso dizer a seu respeito que não seja sabido. A fábula se passa em um *kingdom by the river*, o Paraibuna ao fundo em vez do mar, refletindo um céu de nuvens grossas e montanhas longínquas. O que a história tem de comum com a de Annabel Lee[1] é apenas a juventude dos personagens, o clima romântico da cidade no início do século XX e a beleza angelical da donzela. Para ela Murilo não escreveu nenhum poema de sua lavra

---

[1] Texto no original e sua tradução podem ser conferidos à página 69 deste livro.

e apenas copiou alguns, nenhum de Edgar Allan Poe. Entretanto a história da moça de beleza singular e do poeta com físico de cavaleiro andante, cruzado, monge ou trovador, ambos atravessando o olhar pelas janelas vizinhas, não deixa de ter um sabor especial.

Ela estendeu a ele o seu caderno de moça que ficou dias em suas mãos, embora nenhuma data fosse por ele assinalada. O tempo material parece não ter contado na gestação da escritura. Foi de manhã, de dia, de noite? A idade de ambos é de 18 anos da parte dele e 17 da parte dela. O álbum tem datas intercaladas, de 1920 a 1924. O jovem Murilo já devia, então, gestar poemas. Não ousou ou não quis registrá-los no álbum da *jeune fille rangée*, ele, um rapaz também bem-comportado mas que dizia coisas curiosas, como não gostar do dia e sim da noite, destestar o sol, querer viver mergulhado na sombra (*in a kingdom by the sea*), que atraíam muito sua vizinha da frente. Muitos e muitos anos mais tarde, não mais no "reino à beira do rio", ela o interpelaria sobre a riqueza do Vaticano, pensando encontrar no católico convertido alguma resposta que a satisfizesse. "Tudo o que é dado ao papa ainda é pouco. Temos de ser desmedidos com as coisas de Deus, cercá-las de beleza", disse ele, numa versão da parábola de Maria e Marta. Talvez minha mãe esperasse um pouco mais, sua fé nunca sofreu abalos nem lhe foi dada nenhuma estrada de Damasco, como no caso de

Murilo. Viram-se pouco, que eu saiba, ao longo da vida. Ele sequer se refere a ela no seu livro de memórias. Tentei visitá-lo uma vez, em Roma. Não estava lá mas comentou, com um conhecido meu, o telefonema que lhe dera. Teria se lembrado de mim, como afirmou? Eu olhava para ele com olhos de assombro e a última vez que o vi, em Juiz de Fora, na rua Marechal Deodoro, era ainda uma menina. Mexi nesse álbum de moça desde criança e fui sentindo seu envelhecimento. A escrita de Murilo se apagava. Cheguei a pensar que nada sobraria dela. Fiquei anos sem abri-lo ou mesmo vê-lo. Com a morte de minha mãe veio para as minhas mãos. No princípio deixei-o de lado, com medo de sofrer. Eu me tornara uma escritora e todo o meu tema era a memória, o tempo. Sem que soubesse explicar, o álbum me repelia como se fosse uma tumba de papel. Algo de letal emanava dele. Tinha deixado de ser, pela condição da morte dos personagens, uma dádiva graciosa, um presente do passado, um legado da juventude. Deixei-o ficar no envelope com medo de que, em contato com o ar, se dissolvesse. Ao tomar coragem de retirá-lo do pacote, nenhuma transfiguração me possuiu, nenhum toque de *madeleine* aflorou. Em vez disso, uma curiosa sensação de alheamento, de distanciamento. Aquilo se passara muito antes do meu nascimento, aquela parte da vida de minha mãe nada tinha a ver comigo. A constatação de sua existência antes da minha me chocava. Depois de algum tempo os liames do enredo alheio a mim começaram a se tecer, composto de ruas, cidades, céus, rios, gente.

A cidade era a minha, mas ainda não a estava sentindo assim. Sabia que, aos poucos, a iria reconhecendo e, com ela, todos os componentes de uma história que me dizia respeito. Comecei a ler em voz alta os poemas e uma nova sonoridade, muito antiga, me percorreu. Era a sonoridade de "Annabel Lee"? Constatei que os sons podem mudar toda a realidade circundante. Estava diante de um reino feito de sons antigos, de ritmos desusados, como o de Annabel Lee. Habitado por anjos e arcanjos de Murilo, diferentes dos de Poe, oriundos de uma outra esfera do céu. Minha mãe figuraria como um dos anjos mais belos desses reinos, tão belo como deveria ter sido o portador da Anunciação. De que forma teria lido ela os versos copiados por Murilo? Deixando-se penetrar pela irrealidade? Em cima do pátio na casa da rua da Imperatriz onde a imagino lendo, nuvens grossas como asas de anjos certamente percorriam o céu mineiro. Esse mundo de irrealidades cobria também a cabeça de Murilo quando caminhava pelas ruas da cidade e, numa noite, o que não foi concedido a muitos poetas no mundo, seus olhos contemplaram o cometa Halley. Aqueles sons, esses instantes, as sensações, todo um mundo secreto e paralelo, aproximariam aqueles dois seres jovens, cada qual na sua calçada, em suas casas uma em frente da outra. A poesia de Murilo, a vida de minha mãe estariam, para sempre, impregnadas desses instantes. Buscar a trilha desta fábula apenas esboçada poderia ser tarefa de um escritor que não gostasse de histórias concretas. Esse seria o meu caso, mas já não tenho ânimo para escrever histórias inconcretas. Assim, contente-se o leitor com o relato singelo desta crônica.

Juiz de Fora, com o seu nome que não é de lugar, nunca teve muito a ver com a realidade, ou talvez tenha tanto para mim, que eu não consiga suportar.

Assim, farei apenas o que posso, não deixando o coração se confranger demais. Que a pena me seja leve, já que a vida é, quase sempre, pesada.

A RUA DA IMPERATRIZ

Para falar do jovem Murilo Mendes em Juiz de Fora, o mesmo que copiou poemas de espírito tão marcantemente romântico para minha mãe, tenho que me reportar à rua da Imperatriz, por certo um pouco responsável pelo tom das poesias. Era, nesse tempo, rua da Imperatriz e não Marechal Deodoro. O segundo nome marcou seu destino. Brutalizada e aviltada foi se deixando transformar no que hoje é, incorporando a feiura que a Primeira República instalou no país.

Ainda a conheci chamada pela minha família, fiel ao Império (um dos meus tios se chamava Gastão de Orléans), pelo seu nome de batismo. Ao perder os seus últimos vestígios imperiais, outorguei-lhe o marechalato.

Estava cursando o primário do Colégio Santos Anjos, de dona Alvina Araújo, quando minha avó morreu, levando consigo a casa. Não sei como, mas desta me recordo de tudo: a fachada cinza, o telhado achalezado, as janelas baixas, o pátio interno com sua cobertura de cimento, polvilhado de canteiros estufados com begônias, dálias, flores selvagens, jardim ingênuo de Illiers. No fundo casinhas enfileiradas (antiga senzala?), formando um conjunto que, sem dúvida por humor, nominava-se de "chatô". Se a casa era cinza por fora, com um aspecto algo triste, o "chatô" tinha as portas e as janelas pintadas de azul, fazendo com as flores uma combinação de pura alegria. No interior, móveis redondos, lavrados, encimados por mármore (marcadamente Luís Felipe ou vitorianos) e, no verão, as belas cadeiras de medalhão transferiam-se para a frente da casa, onde se palrava até tarde da noite.

Já conheci minha avó viúva, administrando a sua prole (16 filhos, dos quais conheci 12, 10 mulheres e 2 homens) e dominando, sem parceiros, a casa. Era uma grande dama da cidade, apesar de suas origens um tanto dúbias, filha bastarda de um visconde escravocrata, com quem se desentendeu. Tudo isso só fazia lhe acentuar a respeitabilidade. Sua nobreza era tão visível que não podia ser contestada. Do marido pouco sei – português, negociante de café. O sobrenome de seu pai, que usou, não foi adotado pelos filhos.

Feminismo? Acho graça. É só pensar nas matriarcas antigas, nas viúvas empobrecidas que sustentavam sozinhas os lares, bordando, fazendo doces especiais para fora, com perfeita organização e sem perderem em nada o respeito social. É preciso ler *Minha vida de menina* de Helena Morley para falar de feminismo. Essas mulherzinhas atuais me matam de vergonha.

Há muito o que falar ainda da rua da Imperatriz, mas já que mencionei as cadeiras de medalhão na calçada, vamos até Pedro Nava que conheceu a rua da Imperatriz quando eu ainda não era nascida, desaguada, como ainda é hoje, na então rua Direita, hoje avenida Rio Branco.

No seu *Baú de ossos* fala numa aparição de minha avó na calçada, e dá conta da ambiência local.

> Para a direita, a primeira casa depois da nossa era a do Cinema Farol. *Honra e amor* foi meu ofegante primeiro filme, com efeitos de incêndio em película azul. Depois, era, na esquina, a redação de *O Farol*, porta e janela, prédio pintado de marrom onde se

destacavam as letras do nome do jornal, com Ph. Sempre que eu ia até esse encontro de ruas, logo Dona Luizinha de Carvalho vinha subindo a rua da Imperatriz. Eu esperava, rindo, porque ela sempre me passava na cabeça a mão cheirosa – rindo também!

Luizinha de Carvalho, Horta de solteira, era minha avó. Pedro Nava não atribui nenhuma cronologia a esta cena, mas creio poder localizá-la por volta de 1910.

Outra referência sua à rua da Imperatriz no *Balão cativo* nos devolve a cidade intimista, compadresca, marcada pela consanguinidade, orgulhosa de suas matriarcas. Creio poder localizar a cena em 1915:

> Havia de vinte e cinco a trinta pessoas esperando na Estação e foi, assim, um verdadeiro magote que subiu a pé a rua da Imperatriz, em caminho dos fogos-lares de Inhá Luiza. A carrocinha do carregador vinha atrás do farrancho que ia se engrossando dos amigos que corriam às portas e janelas ouvindo o berreiro. Ainda na rua da Imperatriz, aderiram as Franco e o pessoal de dona Luizinha de Carvalho. Na rua Direita entrou o bando das netas do barão.

A Juiz de Fora de minha mãe mocinha oferecendo seu caderno para o jovem Murilo Mendes, seu vizinho do outro lado da rua, se situa três anos depois, em 1919.

Ele se mudaria para o Rio em 1920, sua família habitara antes o Alto dos Passos, mas é na rua da Imperatriz que copia os poemas para minha mãe. A Juiz de Fora onde eu, criança, vislumbrei o jovem poeta e por ele me deixei fascinar localiza-se nos primórdios dos anos 1930. A casa de minha avó era exatamente a mesma que Pedro Nava conhecera, as cadeiras de medalhão ainda se transferiam para a calçada nas noites de verão mas, no final, vovó Luizinha não saía mais do quarto e ali se rezavam rosários debaixo do oratório, a chama de uma lamparina vermelha esperando para ser apagada junto com a vida da dona do quarto. Aos 70 anos de idade sua vida se findou e a chama da lâmpada se extinguiu.

A CIDADE MURILIANA

Vou abandonar essa cidade onde o menino Pedro Nava se deixava intimidar por sua avó Inhá Luiza, ligada a minha por parentesco, amizade e comadrio. Nava fala, no seu *Galo das trevas* e no seu *Círio perfeito*, de um Murilo já considerado grande poeta modernista, vivendo primeiro no Rio e depois em Roma. Mal o localiza em Juiz de Fora. Vou me reportar a uma cidade na segunda metade dos anos 1930 que abandonei nos meados dos 1940, merecedora do nome de Manchester Mineira.

Não foi essa cidade que Murilo Mendes descreveu em *A idade do serrote*, mas é nessa que o coloco, pois foi nela que o vi na janela de sua casa e sentado na varanda, já consagrado como poeta e se tornando personalidade, nos anos 1940.

A cidade que conheci tinha o tom vermelho, como a Albi de Toulouse-Lautrec, como a Nova York do começo do século XX com suas casas de *brownstones* (influências da velha New Amsterdam), da própria Manchester, com suas casas e fábricas de tijolos vermelhos reelaborados e ornamentados (ver Colégio Santa Catarina) pela firma Pantaleone Arcuri. As manhãs eram uma festa: havia dádivas de uma casa para outra que criadas e criados portavam em cestas cobertas de toalhas de linho, flores, pela avenida Rio Branco, Alto dos Passos, rua Santo Antônio e outras na área central. Frutas da estação (jabuticabas como nunca houve iguais no mundo), sequilhos, biscoitos de polvilho, transportados com humildade, orgulho e nobreza. A categoria social podia ser medida pelo requinte das arrumações, mas essa categoria social não era, nesse tempo, medida pelo dinheiro. Ouvi contar que uma vez, uma tia minha ao devolver uma "comadre" pedida emprestada numa emergência ao coronel Sebastião Tostes, colocara, depois de um pano de linho bordado, uma camada de sequilhos, sobre estes, biscoitos de hóstia e sobre estes, em cima de outra toalha de linho, camélias. O coronel fora retirando as camadas e ao descobrir a "comadre" só conseguiu dizer: "Desta vez a Piedade Carvalho exagerou!...". Nunca devolver empréstimos sem dádivas retribuitórias era uma regra sagrada e pelo cuidado da arrumação de minha tia, pode-se avaliar a utilidade do empréstimo.

Nenhum pintor coloriu essas cenas, mas esse momento (fugaz) da cidade pôs um clarão vermelho em toda a minha vida.

Na rua da Imperatriz de minha avó não prevalecia, entretanto, a cor vermelha e me lembro dela em tons de cinza, atenuados pela varanda envidraçada de verde da casa dos Mendes (seu Onofre e dona Zezé) e da casa das Varela (Olga e Conceição). O prédio *déco* dos Correios surgiu nos meados dos anos 1930 e está lá até hoje, toque modernista na rua destinada a ser, para mim, em Juiz de Fora, a referência do poeta vanguardista e transgressor. Como o poeta, o prédio dos Correios marcou a rua que de "da Imperatriz" passara a ser "Marechal Deodoro" e que, por vocação natural, até que poderia se chamar "Murilo Mendes".

Ela começava na Estação e, pelo que eu sabia, só ia ficando respeitável da metade para diante. Na parte baixa situava-se o que se chamava de "zona boêmia" e que era, na verdade, a zona *tout court*, onde se praticava uma prostituição sem eufemismos.

Este quarteirão não era jamais referido da metade para cima, mas todo mundo sabia, não sei como, da sua existência. Ignoro que nome tomaria a rua da Imperatriz ou mesmo do marechal nascido fardado, nesse pedaço.

A casa dos Mendes e a de minha avó situavam-se na parte mais respeitável, numa espécie de encrave das virtudes. As idas e vindas da casa de minha avó para a dos Mendes eram constantes.

Havia filhos de várias idades, sobrinhos, entrelaçados por sólida amizade e permanente visitação.

Não sei em que momento minha mãe apresentou seu álbum de moça a Murilo. Ela sempre me disse que ele passara dias a escrever, e que alguns poemas lhe foram depois ditos em voz alta. Quando conheci Murilo, ainda não havia sido apresentada a esse caderno de versos. Só fui tomar conhecimento dele anos depois, já no Rio, e não lhe dei nenhuma importância. Estava em plena fase modernista, contestatória, e os versos ali escritos não pareciam sair do mundo que eu imaginava ser o de Murilo Mendes, para mim o herói da transgressão, aquele que abria guarda-chuvas nos concertos quando "assassinavam" Mozart e que a tudo se permitia, depois de ter visto aos 9 anos de idade, nos céus de Juiz de Fora, estranhamente imóvel e silencioso, o cometa Halley (mais tarde, a morte de Ismael Nery o faria prosseguir na trilha do cometa, com transgressões mais definitivas).

Vou descrever a casa dos Mendes tal como a vejo ainda: era do mesmo estilo das que existiam no Alto dos Passos, pertencentes quase todas aos Vilella, gênero a que me acostumei a chamar "estilo Juiz de Fora". Meio apalacetadas, mas sem grande imponência. Dois andares, compridas para os lados. Brancas, com alguns ornatos de estuque. Varandas laterais de vidro empipocado verde ou branco. Escadarias de mármore com gradis. Discretas influências *art nouveau*. Tudo muito parecido com o prédio onde se instala hoje o Centro de Estudos Murilo Mendes. Nada que lembrasse o colonial, os chalés da segunda metade do século passado e os palacetes que depois se ergueram na avenida Rio Branco, em Juiz de Fora.

A casa dos Mendes só possuía um andar. A varanda acompanhava todo o seu comprimento e constituía a sua parte nobre. Por ela, dia e noite, perpassavam vultos. Dona Zezé e seu Onofre, madrasta e pai do poeta, aparecem, agora, nítidos na minha frente. Ele, sempre de terno branco (embora tenha usado, conforme imagino, um escuro quando se apresentou em casa de minha avó para dar "informações" a respeito de meu pai – forasteiro que se dispunha a namorar minha mãe – sentando-se na sala de visitas para dizer solenemente: "são as melhores possíveis"). Ela com suas saias e blusas impecáveis, belos olhos bovinos que combinavam com os de "seu" Onofre.

Quando mamãe se casou e se mudou da rua, quando eu comecei a perceber as primeiras palavras, "dona Zezé" passou a integrar o meu vocabulário. Eram telefonemas quase que diários dando conta de nossas vidas, doenças e mazelas, sobretudo das minhas. "Seu" Onofre aparece como testemunha na minha certidão de nascimento.

Não sei quando os "turcos" se instalaram na rua da Imperatriz, já então chamada Marechal Deodoro. Foi ainda no tempo de minha avó? Foi depois? Só sei que, pequena, ia com minha mãe às compras em seus balcões. Eles deviam ficar entre a "zona boêmia" e a zona nobre, numa espécie de divisor de águas.

Só sei que eram muitos e ali se comprava mais barato. Minha mãe os tratava de "patrícios", com condescendente amabilidade.

Todos falavam com o mesmo sotaque, num tom implorativo, trocando o "s" pelo "z". Na Grécia reconheci o tom, mas não os sons. Era uma linguagem extremamente histriônica.

Ficaram mais tarde muito ricos e se mudaram para as áreas mais nobres da cidade.

Quando o primeiro deles entrou para o Clube Juiz de Fora foi um tendepá!

Minha mãe comprava ora nos turcos, ora no "Parc Royal", na rua Halfeld, cujo gerente, perfeito cavalheiro, era o "seu" Fonseca, pai do Rubem Fonseca. Nos "turcos" ela fazia economia, no "Parc Royal" gastava.

O prédio *art déco* dos Correios foi construído quase ao lado da casa de Murilo e constituía, naquela rua, uma insólita nota urbana a combinar com o insólito poeta. O quarteirão adquiria foros de modernidade oficial.

Fiquei anos sem ir a Juiz de Fora. Quando dei por mim, um belo dia, não reconheci mais a cidade.

Pensando agora na rua Marechal Deodoro me dou conta de que era a mais original de Juiz de Fora. Em baixo a "zona", a seguir, os turcos, no alto as velhas famílias; a nota modernista dos Correios e a intervenção moderna da galeria Pio X com seu segundo andar, ligando-a à rua Halfeld, acentuaram essa originalidade.

Em meio a essa extravagante mistura, nosso poeta transgressor, futuro cruzado do catolicismo beneditino, físico de monge pintado por El Greco. Desproporções e contradições no corpo, na vida, na rua em que morava, na cidade em que nasceu (Manchester Mineira), nos rumos que tomou.

As prostitutas para onde terão ido? Ou estarão lá mesmo? Nos grandes prédios, quem morará? Móveis, alfaias da casa de minha avó estão comigo, com minhas irmãs.

Muitos Mendes ainda moram em Juiz de Fora. Morreram, há muito, as Varela (Olga e Conceição) que nos deixaram alguns objetos.

Todos os personagens da rua que conheci, há muito se foram, inclusive os turcos tornados ricos. Um velho penhoar bordado com flores de pessegueiro, cujo tecido fora comprado nos turcos por minha mãe, foi encontrado aos pedaços e serviu de inspiração a um dos meus livros. Quero me lembrar do nome tão familiar do jovem "freguês" que vendeu o tecido e não consigo. Ele se casou com uma moça das velhas famílias locais, vivendo com ela um belo romance e se tornando muito respeitável.

Agora, folheando o álbum de minha mãe, vejo que aquele gesto inocente de entregar ao jovem vizinho seu caderno de poesias eternizou a rua. E que o álbum, com tudo que contém, captou todo um momento da cidade, uma maneira de viver, uma sociedade.

Foi com a letra mais caprichada (as caligrafias de Juiz de Fora eram famosas) que Murilo copiou os poemas para a *mademoiselle* Maria Luiza, um bordado em forma de letra. Sua bela escritura já liberta das penas molhadas nos tinteiros se tornaria, mais tarde, um pouco mais selvagem, observando sempre, apesar disso, uma harmonia visual compatível com os textos.

De todos os poemas copiados, o que mais me toca, o mais belo, o que me parece música de fundo para as fotografias tiradas na época, o que me parece imortalizar os gestos do jovem poeta e da vestal, traçados no ar puro da rua da Imperatriz, é o que se chama "Ballada", assinado por Zeferino Brasil.

Ballada

I

As estrellas fulgiram docemente,
Os roseiraes em flor, o lyrio albente,
Descerraram as pétalas orvalhadas...
De luz e aroma todo o azul se encheu...
E ella, a princeza loura das balladas
Nasceu...

II

As estrellas choraram tristemente,
Os roseiraes em flor, o lyrio albente
Desfolharam as pet'las orvalhadas...
De pranto e luto todo o azul se encheu...
Quando a princeza loura das balladas
Morreu!

Este verso me parece emblemático de todo o enredo desta história.

MADEMOISELLE MARIA LUIZA

Num poema copiado por Maria Luiza no seu caderno de moça-diário, está assinalada uma data embaixo do poema "A canção da folha morta", copiada por Murilo Mendes, e no final da canção a frase: *Recordation eternelle de le jour 4.4.919* (ela estava aprendendo francês com o "seu" Creuzol).

Embaixo de um texto em prosa provavelmente de sua autoria: "noite de sexta feira, 17 de setembro de 1920". Tinha, então, 18 anos.

No final de uma página em branco: "Prazer alegria e recordação. Carnaval de 1923 – 12-13-14, de fevereiro".

Só agora, lendo com atenção o álbum, me detenho nas datas.

O que teria acontecido nesses três dias de carnaval? Não tenho mais como saber.

Numa outra folha ilustrada por ela própria, figuras inspiradas em J. Carlos com os dizeres em letras *déco* "Hurras ao *scratch* brasileiro vencedor do campeonato brasileiro de *football* 1919".

Coladas na página, as fotografias dos craques em uniforme, mostrando apenas os rostos e as camisas, os nomes embaixo: Píndaro, Sérgio, Fortes, Banco, Milton, Amilcar, Marcos, Heitor, Friederreich, Neco, Arnaldo. Os nomes de Marcos (Carneiro de Mendonça) e os de Friederreich estão em letras maiúsculas, o de Friederreich com maior destaque. A ilustração lembra um pôster dos anos 1920, com perfeita programação visual. Na página de abertura do álbum, junto com a fotografia de Olegário Mariano autografada por ele, a frase de Goethe: "Faze de tua dor um poema".

Mlle Maria Luiza de Carvalho, em 24 de julho de 1924, inspira uma dedicatória ao poeta simbolista Henrique de Resende,[2] no seu livro *Turris-eburnea* (edição Monteiro Lobato, São Paulo, 1923). Sua letra, de perfeição quase feminina, lembra a de Murilo e a diagramação, da direita para esquerda, é curiosa.[3]

Era nesse estilo que os jovens poetas simbolistas escreviam dedicatórias para as moças em flor de então!

No seu número de 14 de outubro de 1922, a *Revista da Semana* publica uma matéria intitulada: "Qual a mais bela mulher do Brasil? As rainhas de

---

[2] Henrique de Resende, nasceu em Cataguases, em 1899, e faleceu no Rio de Janeiro em 1973. Diretor e colaborador da revista *Verde*, editada em Cataguases, marco do movimento modernista, sendo um dos mentores do *Manifesto Verde* do Grupo Verde, publicado em 1927.

[3] "Peço-lhe permissão para offerecer-lhe, em separado, um vol. do meu livro de versos – *Turris-eburnea*. Leva-me a este gesto o vivo interesse em que me empenho hoje em restabelecer o seu juizo a meu respeito, protestando-lhe, inda uma vez, a incondicional admiração que sempre lhe votei, não só pelos muitos predicados de alma e coração, mas também, e sobretudo, pela sua peregrina belleza e incomparável educação do seu alto espírito. Juiz de Fora, julho 924. Henrique de Resende."

Juiz de Fora". Eram os primeiros concursos de beleza, nos quais a ideia de se usar um maiô não passava pela cabeça de ninguém. Recato absoluto nos gestos, nas roupas. O ponto máximo seria, para as concorrentes, dançar uma valsa, nos clubes fechados, com os presidentes dos Estados. Em Juiz de Fora o concurso estava sendo organizado pelo recém-fundado Clube Juiz de Fora, frequentado por Pedro Nava nos seus dias de mocidade na cidade que ele chama de Desterro.

Os retratos de meio corpo das rainhas de Juiz de Fora são publicados na revista: ombros cobertos com decoro, apenas rostos e braços à mostra.

Os rostos eram de anjos, os perfis espirituais e os narizes recebiam um tratamento especial; tratava-se, sobretudo, de um concurso de narizes. Em Juiz de Fora essas rainhas foram: Maria Vidal (a eleita), futura primeira-dama mineira, Carmem Braga, Maria Luiza Palleta e Maria Luiza de Carvalho. A linguagem da imprensa na época para tratar de tais assuntos era a mesma dos poetas simbolistas em suas dedicatórias:

> Juiz de Fora pode se ufanar de ter concorrido ao concurso de beleza aberto pela *Revista da Semana* e *A Noite*, de uma maneira brilhante.
> As figuras femininas que a ele concorreram são realmente possuidoras de lindos traços de formosura e

encanto. Hoje temos ocasião de estampar o retrato de Maria Luiza de Carvalho, em cujo perfil se percebem traços de incontestável formosura e elegância. Linda e graciosa, "Mlle" Maria Luiza de Carvalho goza no seio da sociedade juiz-forana de uma grande estima, mantida não só em função de seus belos predicados de espírito, como também pela lhaneza de seu trato.

O perfil da jovem ocupa toda a página.

As rainhas certamente dançaram sua valsa com o presidente de Minas, então o nosso Antônio Carlos de Andrada. No álbum-diário de Maria Luiza nenhuma referência ao concurso.

Ouvi sempre dizer que o pianista do Cinema Central (pai de Hebe Camargo?) tocava a valsa *Fascinação* quando minha mãe entrava no cinema. Seria em função do prêmio de beleza? Essa música, que se tornou uma espécie de hino de amor de meu pai e minha mãe, foi substituída depois por eles por *Tea for two* mais condizente com os frenéticos anos 1920.

O casamento surpreendeu Maria Luiza em meio a uma tentativa audaciosa de se tornar independente. Em 1924, já normalista, pede ao presidente de Minas um emprego no Jardim de Infância que acabara de ser inaugurado no largo do Riachuelo (a República continuava nominando os logradouros). As moças de sociedade ainda não tinham permissão de trabalhar fora, mas Maria Luiza combina com dona Julieta, mulher de Antônio Carlos, um jeito de abordá-lo em sua própria casa, em Juiz de Fora, dentro de seu gabinete. Ele a recebe galantemente e pergunta porque tão linda jovem, destinada ao casamento, desejava trabalhar.

"Tenho um diploma, dou aulas de desenho e português em casa, gosto de ensinar. Quero trabalhar."

Minha mãe é nomeada mas não chega a exercer o cargo. Fica noiva e o futuro marido lhe pede que desista da carreira. Para os homens daquela época era um ponto de honra que as suas mulheres não trabalhassem fora, e um ponto de honra para as mulheres, a honra dos maridos.

Só que, em casa de minha avó, a rotina das moças era um pouco diferente das outras moças de família. Se ninguém trabalhava fora de casa, dentro ninguém parava. As casas do *chatô* foram transformadas em salas de aula, em ateliers, em *studios*. Ensinava-se a pintar, bordar, costurar. Vovó Luizinha ensinava a bordar em máquina Singer. Os doces de tia Dunguinha, encomendados para grandes datas, ficaram famosos. Tudo funcionava na mais perfeita ordem como numa espécie de fazenda. Usavam-se, ainda, tachos de goiabada. A criadagem agia numa organização quase militar, mas as empregadas amavam cegamente suas patroas e eram por ela amadas. O fato de todos trabalharem juntos criava uma relação amorosa entre as criadas e patroas. Todos conheciam o seu lugar e ninguém queria o lugar do outro. As negras gostavam de ser negras, adulavam suas patroas, orgulhavam-se delas e dos elogios que, sem parcimônia, lhes eram dirigidos. Na casa de minha avó o trabalho a todos irmanava e a proximidade da casa-grande com a senzala era total. Havia 10 mulheres e 2 filhos, quando eu nasci. Em caso de viuvez precoce, as viúvas regressavam à casa das mães com seus filhos e na de minha avó existiam duas viúvas com prole. Havia filas de pretendentes na porta, todos tratados com mão de ferro por dona Luizinha. Murilo Mendes devia ser visto como um rapaz extravagante, mas ele não parecia pretender a mão de ninguém, nem querer tomar o lugar de outra pessoa, ou mudar coisa alguma. Dançava nas festas como os outros rapazes, frequentava piqueniques (certamente os da Cervejaria José Weiss[4]), o Clube Juiz de Fora com seus irmãos, e

---

[4] Em *A idade do serrote* Murilo Mendes se refere lindamente à fábrica de cerveja José Weiss: "a tarde pré-industrial levanta a cauda, gigantes entre folhagens cavalgam valquírias da fábrica José Weiss". Os piqueniques na cervejaria Weiss, lugar mágico onde pairava um espírito germânico-juiz-forano, marcaram gerações. Seria preciso fazer um estudo sobre a fábrica no contexto de Juiz de Fora. Sua importância não foi apenas econômica. Lá nos sentíamos participantes de um mundo existente além das montanhas. E ficávamos leves, amenos, alegres, degustando nossas iguarias mineiras levadas em cestas, e as belas tardes imortais.

ia a festas nas fazendas vizinhas. Minha mãe fazia todas essas coisas. Afora isso, aprendia francês com "seu" Creuzol (era sua melhor aluna) e gostava de ler.

Não sei como arranjava lugar para isso numa casa tão densamente habitada. Era a caçula entre as 10 irmãs, todas consideradas beldades, mas nenhuma tanto quanto ela. "Tipo de beleza", assim a classificavam. Nunca soube muito bem de onde saíra tal expressão e não sei se ainda hoje existem tipos de beleza. Naquele tempo a beleza das mulheres (como, aliás, na Grécia) se media pelo nariz. Francisca Bertini, artista de cinema, era considerada um perfeito tipo de beleza e a comparavam com minha mãe, que não lhe ficava a dever. Beldades de mundos diferentes, mas a Hollywood de então não era menos provinciana que Juiz de Fora. A de hoje ainda dita costumes provincianos a todo o mundo.

Murilo parece não ter percebido o lado modernista de Juiz de Fora, seu cosmopolitismo, suas peculiaridades arquitetônicas. Estava imbuído da paixão modernista pelo colonial e essa era a Minas que lhe falava à alma: a Minas dos santos barrocos que argamassaram sua fé católica. Juiz de Fora tinha um forte lado protestante, com seu Granbery, sua igreja metodista em pleno Parque Halfeld, sua colônia alemã, suas fábricas de tijolo vermelho (*blood mills*), suas casas no mesmo estilo, imitando Manchester, seu Museu

Mariano Procópio de arquitetura alemã. Juiz de Fora nunca foi a Minas de Tiradentes, ele nunca se encaixaria num cenário não colonial. A cidade tinha um espírito mais leve, o poeta transgressor que um dia se apaixonaria por santa Teresa d'Ávila, não encontrou nela, depois do cometa Halley, nada que lhe cevasse a alma. A Minas de Juiz de Fora tinha sotaque anglo-saxão, embora não fosse, por isso, menos mineira. Nossas igrejas eram modernas, uma delas de inspiração gótica, assim como o prédio enorme do colégio alemão onde as moças estudavam. Nunca tivemos a soturnidade ou a noturnidade de outras cidades mineiras. Reconheço que a figura de Murilo Mendes caberia melhor em Ouro Preto e ficaria perfeita em Toledo. Imagino só como ele via as cúpulas de ardósia, os ornatos de estuque, a arquitetura requintada e arredondada da firma Pantaleone-Arcuri, contrapondo-se as linhas retas do colonial e do moderno.

Durante muito tempo o *art noveau* fora visto pelos bem pensantes modernistas, da geração de Murilo, como uma aberração. Juiz de Fora foi alvo fácil para os primeiros intelectuais que vieram com Gustavo Capanema dirigir o Serviço de Patrimônio Cultural criado por Getúlio Vargas. "Porque que não fecham Juiz de Fora?", disse airosamente, Rodrigo Mello Franco, ao desembarcar na cidade:

> O poeta Pedro Nava
> Regressou de Juiz de Fora
> Parabéns a Pedro Nava
> Parabéns a Juiz de Fora

escreveu Carlos Drummond de Andrade na sua fase piadista.

"Torres, torreões, torrinhas, tolices", pontificou Mário de Andrade. Juiz de Fora certamente se incluiria entre os burgos malfadados servidos desses apetrechos. A visão poética, a liberdade de criação, a riqueza das influências vindas de todo o mundo, não comoviam esses apaixonados pelo *design*, pela forma austera, pela limpeza, pela função. O burgo de Juiz de Fora foi certamente por eles amaldiçoado. E uma Minas sem santos barrocos, uma Minas com fábricas estava, sem dúvida, fora do contexto.

Aparentemente essa cidade não "assentava bem" a Murilo Mendes. No entanto, a própria incoerência do burgo combinava com ele, com o sentido de irreverência que marcou sua vida e sua obra. Se como identidade procurava a Minas trágica e barroca do Aleijadinho, como destino Juiz de Fora lhe esteve bem mais próxima. Três cidades múltiplas e inconvencionais marcaram sua saga: Juiz de Fora, o Rio e Roma. Em qual delas se terá sentido mais à vontade? Se não chegou a odiar, como

Pedro Nava, a cidade em que nasceu, se não a louvou, fez dela pano de fundo para o seu livro de memórias, *A idade do serrote*.

Nos céus de Juiz de Fora lhe apareceu o cometa Halley. Poderia haver dádiva mais inusitada?

O Rio, que marcou sua fase mais irreverente, inclusive na poesia, também propiciou seu encontro com Ismael Nery, cuja morte o levou à conversão. O cometa e a morte lhe deram, cada um à sua maneira, o sentido de eternidade, tão presente em Roma, sua pátria final.

Tudo isso me permite dizer que esse ser, chamado tantas vezes cidadão do mundo, não era, na verdade, deste mundo. Mas, neste, é em Juiz de Fora que o coloco. Na rua da Imperatriz, ao lado do prédio dos Correios, marco modernista na cidade. Copiando poemas românticos para jovens donzelas. E começando a trilhar, pela contradição, seu longo caminho nesta vida.

OS DOIS PERSONAGENS

Procurei falar de minha mãe no contexto de uma cidade mineira peculiar, no início do século XX. Como a maioria das jovens mineiras de seu meio e sua geração, teve uma educação culta, aprendeu francês, leu bastante, cultivou a poesia. Conheci-a, até morrer, com hábitos refinados. Dois anos antes de sua morte, aos 90 anos, pintou flores em aquarela, de beleza comovente, com um toque de vento ao fundo, como se este as tivesse espalhado pelo papel. Tal senso de liberdade numa mulher de vida tão contida, tal ausência de academicismo e convenções no seu trabalho, surpreendiam a todos que o viam. Começou a pintar nos três últimos anos de sua vida, ao perder meu pai. Antes bordara, riscara no papel flores de cerejeira, *muguets*, recriando-os, soltando-os à sua maneira, fixando-os no papel com pontos perfeitos. Para nós eram tarefas domésticas. Agora, pegando o seu álbum de moça, percebo alguns desenhos seus quase surrealistas, figuras femininas esvoaçantes com flores; concepções modernistas, Bauhaus. Aprendeu pintura e desenho como faziam as jovens bem educadas de sua época. Aos 88 anos começou a fazer arte, quando o seu tempo já estava terminando. Não me cabe lamentar. Penso no seu destino e no destino de Murilo. Viram-se pouco depois daquele ano de 1919. Do campo de minha visão ele esteve sempre meio distante, fugidio como uma silhueta. Vi-o, já quase mocinha, algumas vezes, na rua da Imperatriz, uma vez tomando chá com uma linda moça na varanda, segurando a xícara com os seus gestos de silhueta. Minha avó não morava mais em frente, morrera, a casa passara a outras mãos. Quando acompanhava minha mãe às compras nos turcos, olhava para dentro da varanda, buscando encontrá-lo. Quando dei por mim, como num sonho, era uma outra rua, numa outra cidade. Os seres de que venho falando aqui morreram todos e o olvido vem esgarçando suas imagens.

O álbum de moça de minha mãe, os poemas com letras desenhadas (tão delicadas como os bordados da Maria Luiza) me fazem pensar. Eles foram também, para Murilo, uma espécie de risco de bordado. Mais tarde sua poesia explodiria, livre de riscos e bastidores. Um álbum de moça sempre foi considerado uma coisa pueril, mas o de minha mãe ocupou o universo de Murilo em uma fase de sua mocidade (a dos anos rebeldes). Em entrevista a Homero Senna, transcrita no seu livro *República das letras*, Murilo declara que "a vocação do escritor está ligada ao mistério de sua própria vida e criação. Quanto à sua, em especial, encontrara na literatura um modo de exteriorizar a revolta contra o convencionalismo, a superficialidade e o farisaísmo do ambiente social que o cercava".

A literatura e a religião foram para ele formas de transgressão. É curioso, porém, que na sua juventude juiz-forana parecesse (embora considerado "extravagante") tão integrado à sociedade como os outros membros das velhas famílias ali residentes e que sua rebeldia só tenha explodido, verdadeiramente, no Rio, em gestos aparentemente pueris, *pour épater les bourgeois*. Em Juiz de Fora declamava, jovem, poemas para encantar a burguesia, nos saraus das velhas famílias. Na rua da Imperatriz prevaleciam os valores ligados aos bons modos, à educação, à delicadeza. O farisaísmo, o convencionalismo, a superficialidade daquele meio não foram denunciados pelo poeta nos versos que transcreveu para minha mãe no seu álbum, nem nos que recitava nas festas.

Para ela, aquilo que ele chamou de farisaísmo, convencionalismo e superficialidade eram, provavelmente, valores morais. Defendeu-os a todo custo, pela vida afora. Sua fé religiosa não foi jamais abalada e a santidade que buscava tinha proporções diferentes da que Murilo, com certeza, porfiava.

Sabe-se que ele foi mais tarde bom marido e bom chefe de família. Extravasava o seu inconformismo na literatura e cercou-se de beleza. Quanto a minha mãe, foi no ambiente doméstico que buscou, sem descanso, a beleza. Enfeitou jarras, compôs mesas, ajeitou móveis, costurou, bordou com perfeição. Suas mãos na cozinha faziam pura alquimia – transfigurava os alimentos. Antes de morrer, porém, tocou finalmente a arte. Foi seu último sopro de vida.

Aquele encontro com Murilo sob as nuvens gordas do céu de Juiz de Fora (que a certa hora da tarde parece baixar para a terra), na placidez da rua da Imperatriz, onde vozes e sons de pianos escapavam das janelas, que mistério teria representado dentro do plano divino acreditado por ele e por minha mãe? Que santo, que anjo os espreitou, então, de uma fresta do céu? Que centelha divina ali brilhou? Apesar de sua fugacidade, que sentido teria, no decorrer de suas vidas?

Viram-se muito pouco depois disso, creio. Sei que minha mãe o visitava no Rio mas ele nunca esteve em minha casa. Apesar disso, seu nome sempre ecoou ali, seus livros ocuparam lugar em nossas estantes, sua saga foi ali comentada. Uma de minhas irmãs, Regina, alta e magra, tinha, segundo mamãe, gestos de Murilo Mendes. Era sem dúvida, das quatro irmãs, a mais original, a mais talentosa. Faltou-lhe o impulso muriliano que o atirou ao mundo. Para mim, entretanto, a história de Murilo está ligada à minha mãe, sua trajetória ajudou a iluminar meu caminho no mundo. Associou-se à cidade do meu coração, ajudou a imortalizá-la, fixou-a no tempo e no espaço, eternizada.

Deve ter marcado para sempre minha mãe, deixando nela um resíduo de beleza, um saldo, uma reserva, que a ajudaram a enfrentar a vida. Nunca deixou de falar nele, que morreu antes dela. O que os liga hoje é apenas este álbum de moça, que só agora folheio com cuidado. Tive medo de ter pena dela, de achar que seu destino não se tinha cumprido, confinada ao ambiente doméstico. Que sei eu? Nem Orfeu, trazendo Eurídice, conseguiu mudar o seu destino. Não existe um caminho, e sim trilhas emaranhadas e confusas. E tudo dura pouco, se esvai, se dilui, se perde no horizonte. Murilo morreu em Lisboa, minha mãe no Rio. Juiz de Fora, nascimento e meio do caminho. Na hora de morrer tudo se iguala, não há cidades, lugares. Morrer é o próprio lugar e a vida, ao se findar, perde a duração.

O DESTERRO E O SERROTE

Em Juiz de Fora nasceram dois dos maiores escritores brasileiros do século XX: Murilo Mendes[5] e Pedro Nava.[6] O primeiro consagrou-se como poeta, embora sua prosa original, ágil, fundadora (que ainda não foi devidamente analisada), possa, por si mesma, lhe dar um lugar privilegiado em nossa literatura. Parco de palavras, Murilo Mendes na prosa, com o mesmo vezo com que

---

[5] Murilo Mendes escreve suas memórias abrangendo o período de sua infância, adolescência e primeira juventude em Juiz de Fora, em *A idade do serrote*, publicado em 1968, pela editora Sabiá.
[6] Pedro Nava, em suas memórias, dá a Juiz de Fora o nome de Desterro, quando cria o personagem Egon, seu *alter ego*.

o faz na poesia, usa uma ourivesaria particular e requintadíssima. Pedro Nava, ao contrário, não economizava palavras e com elas quase sufoca o leitor, deixando-o, muitas vezes, sem respiração. São dois bruxos nascidos às margens do Paraibuna, um trazendo no verbo influências caudalosas nordestinas, outro detendo-se na aparente parcimônia mineira, mineirando palavras de cortante ironia e múltiplos sentidos. Para fazer este trabalho reli toda a obra de ambos. É difícil acreditar que dois escritores deste porte tenham vivido na mesma cidade (sem entretanto terem nela convivido), tenham nascido ali na mesma época, e que esse lugar os tenha "suportado" com tanta naturalidade, sem se dar conta do "fenômeno" acontecido. E é muito curioso constatar de que forma ambos viam a cidade, de que forma nela se comportavam e eram percebidos por ela. Murilo nasceu em 1901, Nava, em 1903. O primeiro partiu para o Rio de Janeiro e dali para o mundo em 1920. O segundo foi para o Rio de Janeiro, voltou a Juiz de Fora, mudou-se para Belo Horizonte, regressou à cidade, depois de formado em medicina, para ali clinicar. Fica difícil estabelecer essa cronologia. Os períodos vividos em Juiz de Fora, os da infância e da meninice, são marcados, de forma diferente, pela dor, pela revolta. Há belos momentos dessas fases, de descoberta do mundo, de identificação com os sítios, com as nuvens, com os morros. Nada que se compare com as descrições maravilhosas que faz, depois, dos poentes de Belo Horizonte, de sua luz, de seus horizontes e montanhas. Eis como, na infância, via a paisagem que o cercava: "O que sei é que aquela encosta do morro e a sombra que dele se derramava sobre a chácara de Inhá Luiza ficaram representando o lado noruega de minha infância. Nunca batido de sol. Sempre no escuro. Todo úmido, pardo e verde, pardo e escorrendo". Mestre em descrever sítios, grande paisagista, criador de uma geografia própria, é parcimonioso com a natureza de sua cidade natal, conspurcada pela presença terrível da avó Inhá Luiza, figura de fundo que minava suas alegrias. Mais tarde, ao retornar, homem feito, ao burgo, deforma, como um Goya vingador, todas as figuras humanas, mal descortina os horizontes, mal percebe a cidade. Detém-se, como médico, na anatomia dos seres, desvia para eles o seu olhar e, anos depois, de sua pena brotam figuras grotescas, magistralmente descritas.

Ao descrever as memórias desse tempo, narradas por seu *alter ego* Egon, dá a Juiz de Fora o nome de Desterro. Foi com olhos de desterrado que sempre a olhou, foi com olhos de desterrado que mais tarde se vingou dela, imortalizando-a contudo. Murilo Mendes, a essa época, já havia se mudado para o Rio de Janeiro. Egon a ele se refere, dizendo ao amigo Pedro que este precisava conhecê-lo. Isto vai acontecer, nos anos 1930, no Rio de Janeiro.

No seu *Círio perfeito*, Nava descreve o encontro de Egon e dele próprio com o grupo que o poeta mineiro frequentava, em parte oriundo de Juiz de Fora. Suas referências a Murilo Mendes são pouco calorosas, pouco afetivas. Não creio que tenha se identificado muito com a poesia deste, a qual se refere como "versos quase sempre complexos e permanentemente marcados por um lirismo atormentado, perturbador, desordenado a um tempo angélico e demoníaco". Não terá se detido sobre essa poesia, muito século XX para o gosto de um escritor tão marcado pelo século XIX? Sua descrição dos traços físicos de Murilo, de suas formas de expressão corporal, é notável. Destaco esta frase: "falava quase aos gritos, mas o mais frequentemente num tom harmonioso, meio declamatório, expressivo e parecendo os graves dum violino, manejado com o abafador nas cordas". Como médico, foi chamado por Murilo para assistir a Ismael Nery no último estágio de sua tuberculose.

Deixa um denso relato da morte deste e da extraordinária conversão de Murilo. É inacreditável que os dois escritores, nascidos do ventre da mesma cidade, na qual jamais se aproximaram, tenham vivido juntos aquele momento. Ao ser chamado para medicar Murilo, aparentemente em estado de choque, Nava percebe que o que se passava com este não era um problema médico e presencia o exato momento de sua conversão. Fico pensando no jantar de Joyce e Proust, tão inconsequente e, mesmo assim, tão citado. Aquele encontro singular de Nava com Murilo, dois gigantes da literatura, tendo ao fundo o corpo de Ismael Nery, não impressionou suficientemente os nossos meios literários. Em *A idade do serrote*, Murilo fala de sua meninice e de sua juventude em Juiz de Fora. Se levarmos em conta a faixa etária de Nava e Murilo, deveriam ambos morar em Juiz de Fora em parte dessa época. Nenhum aparentemente se deu conta da existência do outro e o cometa Halley, em instante algum de sua existência, não parece ter maravilhado e sim apavorado Nava (com 7 anos quando este apareceu nos céus). Murilo vivia na casa, vagamente descrita por ele, no Alto dos Passos (mais tarde a família se mudaria para a rua da Imperatriz), Nava teve vários endereços, o principal deles, na chácara de sua avó, na rua Direita, 179, também no Alto dos Passos. Ali morou de 1901 a 1907, depois em 1911, até a partida para Belo Horizonte. Quando volta a Juiz de Fora para clinicar, em 1926, Murilo já se mudara para o Rio. Entre os meninos com quem brincara não aparece o nome de Murilo. A cidade, descrita por este último, é imprecisa, mais território poético do que físico. O futuro poeta e *flâneur* observava a marcha invisível das coisas. O burgo de Nava é mais concreto, nele acontecem fatos, com dias e hora marcados. Murilo era considerado um ser especial pela família, mas isso não exclui sua legitimidade dentro do clã. Nava, ao contrário, devia sentir-se uma espécie de *outsider* nordestino italiano, a perturbar o sotaque especial de Juiz de Fora, onde todos falavam com contida elegância, uma linguagem peculiar. Enquanto o primeiro exibe ao leitor, copiosamente, sua genealogia, o segundo se limita a dizer que era do ramo pobre dos Monteiro de Barros. Alguns nomes são comuns à juventude dos dois: Lindolfo Gomes, Belmiro Braga, "seu" Creuzol ("seu" Creuzol, professor de francês de minha mãe e de Murilo, aparece na obra de Nava como funcionário de seu pai e, mais tarde, dele próprio). A influência de Belmiro Braga em Murilo, nesta época, fica clara quando se analisa a coleção de poemas que este escreveu no álbum de minha mãe, justamente na fase de sua juventude relatada em *A idade do serrote*. No livro, registra o conselho que lhe dá, então, o trovador mineiro: a poesia devia regressar ao puro lirismo, às fontes da simplicidade, à música dos trovadores. No mesmo capítulo dedicado a Belmiro Braga confessa que, transposta a juventude, temendo que o encanto se rompesse, nunca mais o relera. Belmiro Braga e Lindolfo Gomes constituem pequenos capítulos isolados em *A idade do serrote*. Nava os menciona em suas memórias sem neles se deter muito. Os primos e parentes de Murilo, as beldades por ele descritas têm nomes e sobrenomes muito diferentes dos de Nava, numa cidade em que todo mundo era quase parente. Murilo se refere a uma sua prima, beldade de olhos verdes, cor de sua especial preferência, sobretudo em se tratando de olhos. Lembrei-me de que Francisca Bertini, cuja parecença com minha mãe era notória, tinha também olhos verdes. Tanto Nava quanto Murilo se referem a ela como tipo de beleza, mas mulatas e negras igualmente faziam parte do mundo erótico de ambos. A sensualidade dos dois está explícita nos seus textos e a *A idade do serrote* contém um capítulo chamado "O Tribunal de Vênus". Apesar de sua fixação em anjos, apesar de seu físico espiritual, o mundo carnal de Murilo era concreto e cenas lúbricas se passavam entre ele e as mulheres de seu *entourage*.

Nava nada tinha de espiritual no seu corpo pesado e no seu nariz quase africano, de grossas narinas. Cenas de lubricidade explícita entre ele e as figuras femininas do seu meio social em Juiz de Fora não são, entretanto, relatadas. O que nos faz supor a existência de dois mundos diferentes, numa cidade tão pequena como Juiz de Fora, componentes de uma mesma sociedade fechada. Os seres familiares de Nava não eram os mesmos de Murilo Mendes e a Juiz de Fora revelada por eles às vezes parece não ser a mesma. Também as descrições físicas. O Parque Halfeld, por exemplo, para Murilo, "era um parque simbolista até que o descaracterizassem completamente". Ao me recordar dele como o conheci, e ainda por fotografias tiradas por minhas tias, vejo-o como Murilo o mostra em *A idade do serrote*: "O jardim municipal então muito mais belo que hoje, simbolista, fechado, de altas grades, árvores copadas, regatos artificiais e pontes, pavões rodando a cauda, crianças brincando de roda, parasitas, micos, preguiças". As narrativas de Nava sobre o parque são extensas, envolvem detalhes jamais referidos por Murilo. Mas, para mim, a imagem de um parque simbolista é a que permanece. Eis como Nava o descreve:

> Era realmente um lindo quadrado de vegetação tropical de aleias tortuosas entre canteiros altos e que por estes, pelas árvores, pelas palmeiras parecia um pedaço da Quinta da Boa Vista, do Passeio Público, da praça da República levado do Rio de Janeiro para seu subúrbio do Desterro. No primeiro trecho de que falamos o Egon foi olhando a um tempo os canteiros e as construções de que destacava-se o palacete de fachadas de tijolinhos de Clarindo Albernaz Bulcão. Ele e outras construções tinham substituído

o renque todo igual de casas geminadas e baixas por cima das quais apareciam os telhados do sobrado do Barão de Quaresma a quem todos aqueles lotes tinham pertencido. ...Entre galhos e folhagens e araras coloridas de verde vermelho azul amarelo e de seu grito gutural – via-se ainda o pitoresco pavilhão da Biblioteca com suas janelas de arco ogival e diante dele um repuxo todo colorido das cores cruas em linhas cheias de graça que o tornavam merecedor de ir para Cnossos e enfeitar o Palácio do Rei Minos... No fundo o cercado de bambus folhas galhos onde sempre havia meninos do colégio perto, aguentando o tédio das gazetas. Virando e pegando o terceiro trecho, de frente ao Fórum via-se o zigue-zague da ponte de cimento que ia para a construção chamada "choupana" feita dum trançado de alvenaria e cimento imitando caramanchão que tivesse sido construído com bambu imperial e coberto de sapé. Numa das pontas da ponte que era como um Z muito aberto ela se apoiava num pedregulho artificial dotado de um banco imitando pedrouços onde se fotografavam as moças e a meninada do Desterro... O médico ficou ali andando lá pra cá na ponte, parando onde tinha sido retratado... Anos depois ele dizia que ali vira o que havia de mais belo do Desterro e indignar-se-ia com o que fizeram depois ao lindo jardim.

"Parque simbolista" diz Murilo, e essa palavra o eterniza. Sobre a rua Halfeld o poeta faz uma observação mais concreta:

> Escrevo sobre a rua Halfeld sem situá-la no espaço, ocupando-me somente com as pessoas que a percorrem. Nada a fazer, assim sou eu, ponho sempre em primeiro plano o homem e a mulher. Direi entretanto que a rua Halfeld é uma reta muito comprida, começando às margens do Paraibuna e terminando além da Academia de Comércio. Nos dois lados levantam-se casas.

Em *Baú de ossos*, assim descreve Nava a rua Halfeld na época abrangida pela *A idade do serrote*:

> A rua Halfeld desce como um rio, do morro do Imperador, e vai desaguar na praça da Estação. Entre sua margem direita e o Alto dos Passos estão a Câmara; o Fórum; a Academia de Comércio, com seus padres; o Stella Matutina, com suas freiras; a Matriz, com suas irmandades; a Santa Casa de Misericórdia, com seus provedores; a Cadeia com seus presos (testemunhas de Deus – contraste das virtudes do Justo) – toda uma estrutura social bem pensante e cafardenta que, se pudesse amordaçar a vida e suprimir o sexo, não ficaria satisfeita e trataria ainda, como na frase de Rui

Barbosa, de forrar de lá o espaço e caiar a natureza de ocre... Já a margem esquerda da rua Halfeld marcava o começo de uma cidade mais alegre, mais livre, mais despreocupada e mais revolucionária. A Juiz de Fora projetada no trecho da rua Direita que se dirigia para as que conduziam a Mariano Procópio era, por força do que continha, naturalmente oposto e inconscientemente rebelde ao Alto dos Passos. Nele estavam o Parque Halfeld e o largo do Riachuelo, onde a escuridão noturna e a solidão favoreciam a pouca vergonha.

O jovem Murilo nesse tempo passeava pela rua com seu amigo Belmiro Braga, com seu pai e primos, tendo dela uma visão afetiva que deve ter permanecido pelo resto de seus dias. No mesmo capítulo dedicado à rua Halfeld, encontram-se essas pérolas de Murilo:

> Ai quanta gente descalça! Outros de chinelos, já é uma promoção; pensar que Antônio Gaudi andava de alpargatas pelas ruas de Barcelona. De repente, com a força de uma interjeição, o nariz do advogado Vitorino que pretende falar quatro línguas e não fala nenhuma; ouço as sirenes das fábricas apitando para o almoço: Juiz de Fora, dizem, antecipou-se a São Paulo em certos pontos de industrialização, conta com uma usina hidroelétrica além de muitas fábricas de tecidos, de cerveja, de móveis, etc... fábricas de

pesadelos segundo o poeta Arnaldo B., inimigo da máquina; não ando lá por dentro, pouquíssimas vezes entrei numa fábrica, todos os dias entro numa casa comercial, entretanto acho a indústria mais simpática. Baudelaire diz que o comércio é de fundo satânico, às vezes vou assistir à saída dos operários quando a chaminé apita, na realidade para catalogar as operárias, há mesmo certas feias que me agradam, por enquanto, é claro, ignoro, o manifesto comunista de Marx e Engels... Só mais tarde, irei saber que Lamennais catorze antes de 1898 escrevera nas *Paroles d'un croyant*: proletários de todos os países, uni-vos.

A Juiz de Fora proletária parece não ter deixado nenhuma impressão em Murilo e muito menos em Pedro Nava.

Os profetas vingadores apareceriam neles muitos anos depois.

ELEGIA

Se eu me esquecer de ti, Juiz de Fora, que como no salmo, minha mão direita se resseque e que a língua se me pregue no céu da boca.

Te desenterro em camadas como Troia, reencontrada não em ruínas, mas intacta.

Recupero as horas do dia, seus ruídos particulares, a posição das nuvens no céu, os ventos que vinham com as tempestades e os que eram amenos e doces como o suco das jabuticabas. Os sons de tuas chuvas batendo nos telhados, descendo como cataratas pelo Morro do Imperador, rios enfurecidos correndo nas sarjetas. Teus crepúsculos avermelhados, teu "sol das almas", lívido, cobrindo as montanhas, descolorindo os céus.

A promessa da primavera que se sentia no ar, fazendo de setembro um mês abençoado.

Teus rudes invernos irremediáveis, liberando ventos gelados que fustigavam o corpo e provocavam um desejo de viver jamais sentido por mim em parte alguma.

Teu parque com suas tocas de peixes, seus caminhos ínvios, suas pontes e riachos, seu ar parado ao meio-dia. No inverno, o gozo de atravessá-lo esquentava as almas, desafiava os corpos. Pois ele irradiava calor e aquecia o coração da cidade.

O som dos sinos de tuas igrejas, como esquecê-los? Eles vinham de manhã, misturados com o ar, nele se diluíam, eram a própria manhã prolongada. No mês de maio chamavam para festejar a Virgem, anunciavam os altares revestidos de flores brancas e os cantos que ressoavam desde os adros.

Os passos, à noite, nas ruas, ouvidos da cama, as vozes longínquas antes do sono que penetravam pelas paredes, fazendo pressentir vidas desconhecidas em um berço comum. O sentido do humano, aprendi com esses sons. Também com o choro noturno das crianças e com o barulho dos trens de ferro respirando nos trilhos. O mundo era vasto, além do quarto, pressentia. Terror e calma antecipavam o meu sono.

O Morro do Imperador, gigante eterno de onde tudo partia, me assombrava. Totem, divindade, abençoava ou amaldiçoava a cidade. Concentrava nuvens enormes em seu cume, Olimpo onde Vulcano, no verão, jogava raios terríveis para dentro dos para-raios construídos pelos Pantaleone-Arcuri.

O sentido da beleza aprendi de ti, Juiz de Fora. Seu primeiro sinal foi a paineira da chácara dos Tostes esgarçando contra o céu seus flocos brancos? O mês de Maria? As procissões da Semana Santa? Ou teria sido ao vir ao mundo, escutar os sinos distantes, perceber o rumor das águas do Paraibuna? Bem sei que a cidade o outorgou a mim no nascimento, nunca o perdi, busquei-o e encontrei-o pela vida afora. Como teria sobrevivido se não tivesse nascido de ti, Juiz de Fora? De onde teria ido buscar tanto orgulho e altivez se não tivessem vindo de ti? Minha Minas de ferro é esta, a das duras ferramentas de tuas velhas fábricas hoje mortas, vivas nas camadas com que te desenterro.

Ao emergir do sono, às vezes, me sinto em ti, te encontro e perco em fração de segundos. Mas tudo isso é falso, jogo dos sentidos. Porque jamais te perdi. E o tempo o que é? Fluxo constante em que passeio em ti.

Rachel Jardim

ANNABEL LEE

It was many and many a year ago,
In a kingdom by the sea,
That a maiden there lived whom you may know
By the name of Annabel Lee;
And this maiden she lived with no other thought
Than to love and be loved by me...

I was a child and she was a child
In this kingdom by the sea:
But we loved with a love that was more than love –
I and my Annabel Lee;
With a love that the winged seraphs of heaven
Coveted her and me.

And this was the reason that, long ago,
In the kingdom by the sea,
A wind blew out of a cloud, chilling
My beautiful Annabel Lee;
So that her high-born kinsman came
And bore her away from me,
To shut her up a sepulchre
In thus kingdom by the sea.

The angels, not half so happy in heaven,
Went envying her and me –
Yes! – that was the reason (as well all men know,
In this kingdom by the sea)
That the wind came out of the cloud by night
Chilling and killing my Annabel Lee.

But our love it was stronger by far than the love
Of those who were older than we –
Of many far wiser than we –

And neither the angels in heaven above,
Nor the demons down under the sea,
Can ever dissever my soul from the soul
Of the beautiful Annabel Lee.

For the moon never beams, without bringing me dreams
Of the beautiful Annabel Lee;
And the stars never rise, but feel the bright eyes
Of the beautiful Annabel Lee;
And so, all the night-tide, I lie down by the side
Of my darling – my darling – my life and my bride,
In the sepulchre there by the sea,
In her tomb by the sounding sea.[7]

---

[7] ANNABEL LEE Foi há muitos e muitos anos já, / Num reino de ao pé do mar. / Como sabeis todos, vivia lá / Aquela que eu soube amar; / E vivia sem outro pensamento / Que amar-me e eu a adorar. // Eu era criança e ela era criança, / Neste reino ao pé do mar; / Mas o nosso amor era mais que amor / O meu e o dela a amar; / Um amor que os anjos do céu vieram / A ambos nós invejar. // E foi esta a razão por que, a muitos anos, / Neste reino ao pé no mar, / Um vento saiu duma nuvem, gelando / A linda que eu soube amar; / E o seu parente fidalgo veio / De longe a me a tirar, / Para a fechar num sepulcro / Neste reino ao pé do mar. // E os anjos, menos felizes no céu, / Ainda a nos invejar... / Sim, foi essa a razão (como sabem todos, / Neste reino ao pé do mar) / Que o vento saiu da nuvem de noite / Gelando e matando a que eu soube amar. // Mas o nosso amor era mais que o amor / De muitos mais velhos a amar, / De muitos de mais meditar, / E nem os anjos do céu lá em cima, / Nem demônios debaixo do mar / Poderão separar a minha alma da alma / Da linda que eu soube amar. // Porque os luares tristonhos só me trazem sonhos / Da linda que eu soube amar; / E as estrelas nos ares só me lembram olhares/ Da linda que eu soube amar; / E assim 'stou deitado toda a noite ao lado / Do meu anjo, meu anjo, meu sonho e meu fado, / No sepulcro ao pé do mar, / Ao pé do murmúrio do mar. POE, Edgar Allan. "Annabel Lee". In: PESSOA, Fernando. *Obra poética*. Org., int. e notas de Maria Aliete Galhoz. Rio de Janeiro: Nova Aguilar, 1980, p. 633-634.

Um caderno poético
Murilo Mendes

Soneto:

Tua frieza augmenta o meu desejo:
Fecho os meus olhos para te esquecer;
E quanto mais procuro não te ver,
Quanto mais fecho os olhos mais te vejo

Humildemente, atraz de ti rastejo,
Humildemente, sem te convencer,
Enquanto sinto para mim crescer
Dos teus desdens o frigido cortejo

Sei que jamais hei de possuir-te, sei
Que outro, feliz, ditoso como um rei,
Enlaçará teu virgem corpo em flor

Meu coração no entanto não se cansa:
Amam metade os que amam com esperança
Amar sem esperança é o verdadeiro amor.

— Eugenio de Castro

Annel de noivado.
───────────
───────────

Perdoa tu que eu só possa
Uma esmeralda mandar
A quem me deu, para sempre,
As duas do seu olhar!

Alberto de Oliveira

Desdens

Realçam no marfim da ventarola
As tuas unhas de coral - felinas
Garras, com que, a sorrir, tu me assassinas
Bella e feroz... O sandalo se evola;

O ar cheiroso em redor se desenrola;
Pulsam os seios, arfam as narinas...
Sobre o espaldar de seda o torso inclinas
Numa indolencia morbida, hespanhola...

Como eu sou infeliz! Como é sangrenta
Essa mão impiedosa que me arranca
A vida aos poucos, nesta morte lenta!

Essa mão de fidalga, fina e branca;
Essa mão, que me atrae e me afugenta,
Que eu afago, que eu beijo, e que me espanca!

Raimundo Corrêa

Ballada.

I

As estrellas fulgiram docemente,
Os roseiraes em flor, o lyrio albente
Descerraram as pet'las orvalhadas...
De luz e aroma todo o azul se enchiu...
E ella, a princeza loura das balladas
    Nasceu...

II

As estrellas choraram tristemente,
Os roseiraes em flor, o lyrio albente
Desfolharam as pet'las orvalhadas...
De pranto e luto todo o azul se encheu...
Quando a princeza loura das balladas
    Morreu!

Zeferino Brasil

Versos do Riso

Para o chocalho d'oiro do teu riso,
Para rimar o riso da tua bocca,
Palavras tilintando como um guiso.

Chrystaes e flautas, passaros trinando
d'luz, champagne rútilo que espôca,
E o teu riso a vibrar de quando em quando,

Como tremula uma bandeira branca
E tra la la, essa risada franca
A rir do bem, do mal, das coisas serias
Numa alegria de estudante em ferias

Riso canoro na tristeza ambiente;
E, quando te ouve rir, suppõe a gente
Que tu deves de ter, Riso que canta,
Um noivado de melros na garganta.

Guerra Duval

Quadras.

Meu amor é uma viola,
E meu triste coração
Uma infeliz castanhola,
Que tu estalas na mão...

Eu sou um padre tristonho
Que benze, cheio de dor,
O esquife de cada sonho
Na tumba de cada amor.

Ao bico de uma andorinha
Que foi no rumo do sul,
Mandei-te hoje uma cartinha
Com laços de fita azul.

Vou quebrar esta viola,
Porque do meu coração
Cae-me a pobre castanhola
Toda em pedaços no chão.

    Francisco Mangabeira

A canção da folha morta.

(Olegario Mariano.)

Folha! Cahiste a meu lado,
Lagrima verde dos ramos!
És o Presente e o Passado
De tudo que nós amamos.

Na minha funda tristeza
De homem bohemio e singular,
És um resto de belleza,
De sorriso, bocca e olhar.

A vida! que bem me importa?!
A vida és tu, folha morta.

Por um poente humano e fino
De bruma, pardo e sem fim,
Morreste com o meu destino,
Levando um pouco de mim.

No teu todo de abandono,

79

De humana delicadeza,
Vibram saudades do Outomno
E angustias da natureza.

Ninhos, campanulas, galhos,
Arrnavam-se em alvoroço...
Os meus cabellos de moço
Vão ficando grisalhos

E um dia... (muito chorei!)
Folha! cahiste a meu lado,
Trazendo todo o passado
E a saudade do que amei...

A vida... que bem me importa!?
A vida és tu, folha morta

Œconclusion eternelle au de jour
4-4-919

~~Belo~~ ~~Não existe na vida programa~~
~~mais cheio e mais consolador~~

Adeus. O teu amor me torturava:
— Era uma rosa que, si ás vezes tinha.
No perfume a doçura que eu sonhava,
Tambem espinhos bem crueis continha.

Contra a própria vontade é que eu te amava
Sem a esperança de que, fosses minha
Por teu orgulho, não serás escrava.
Por meu orgulho, não serás rainha

Adeus. Beijo-te a mão, tendo a certeza
De que procuras, disfarçando o pranto,
Não demonstrar a minima tristeza.

E ambos sorrindo, e pallidos de espanto,
Em nossos olhos vemos, com surpresa:
Que é por capricho que soffremos tanto

Martins Fontes.

Canção das aguas

"
Adeus, montes altivos adeus, fraguas!
Adeus, ramos em flor
Que miraveis a fronte em nossas aguas
Suspirando de amor!

Nas aldeias risonhas e singelas,
Era de ver-se as raparigas
Mirarem se nas aguas, como estrellas
Entre risadas e cantigas!

E, num raio de sol macio e louro
Enfiavamos perolas e gemmas,
Como num fio de ouro
Preparando collares e diademas

Para os collos reaes e as cabecinhas
Maliciosas, tafues,
Das nossas formosissimas rainhas
De olhos meigos e azues.

Ah! mas tudo passou, em dois instantes

E foi melhor passar,
Que, nós, os Rios, somos semelhantes
A esses homens ingratos e inconstantes,
Que vivem a sonhar;
Elles vão para o Ideal, sempre risonho,
Enquanto nós, em nosso eterno sonho,
Corremos para o Mar...

Dizem que o Mar tem vastidões infindas,
Por onde as naves, sacudindo os mastros
Levam riquezas e mulheres lindas,
Como um céo cheio de astros...

Que, de noite, ao luar, sobre as areias,
Divagam as Ondinas côr de opala;
E, para ouvir o canto das sereias,
De repente, em redor, tudo se cala...

E, num continuo, molle rodeio,
De rocha em rocha batendo os flancos,
Giram as Ondas, em cujo seio
Rolam punhados de lirios brancos... "

e, assim cantando, os claros Rios,
Da côr de um liquido luar,
Foram correndo, luzidios,
Numa cegueira louca,
Para a medonha bocca
Do Mar...

Ah! nunca mais a correnteza mansa
Entre gentis risadas e cantigas,
Ha de beijar a velludosa França
Das ingennas e alegres raparigas!

<u>Baptista Cepellos.</u>

Quem vive sem um carinho
Carrega pesada cruz.
É como uma ave sem ninho,
Num oratorio sem luz.

   Francisco Mangabeira

— No baile —

Flores, damascos... é um sarau de gala.
Tudo reluz, tudo esplandece e brilha;
Riquissimos bordados d'escumilha
Envolvem toda a sumptuosa sala.

Moços, moças levantam-se: a quadrilha
Rompe; um suave perfume o ar trescala
E Flora, a um canto, envolta na mantilha,
Espera que o marquez venha á tiral-a...

Finda a quadrilha, rompe a valsa ingleza
E ella não quer dansar! ella, a marqueza
Flora, a menina mais formosa e rica!

E elle não vem! Emquanto finda a valsa,
Ella, triste, a sonhar, calça e descalça
As finissimas luvas de pellica

Francisca Julia

Duqueza

Do palacio real na vasta sala,
— Primor sem par de antiga architectura —
Foi muita vez o principe beijal-a
Na mão de aristocratica finura.

Essa Duqueza de que a historia fala
Era um mimo de graça e formosura...
Daria o sangue e a vida por amal-a
Quem de seus olhos visse a alma doçura.

Certa vez, afastando um reposteiro,
Viu-lhe o principe aos pés um cavalheiro...
E, matando-o no duello mais brutal,

Apresentou, sorrindo, á loira amada,
Na ponta delgadissima da espada,
O coração sangrento do rival!

Oswaldo Araujo

Num leque.

Houve outrora na côrte do Rei-Sol
Um bardo, cuja penna caprichosa
Era o bico subtil de um rouxinol;
E co'a penna bizarra e maviosa,
Embebida nas tintas do arrebol,
Elle escrevia em petalas de rosa...
Com essa penna em beijos embebida,
Neste setim escrevo-te, querida.

Fontoura Xavier.

Felicidade.

Creança, estrella que a escuridade
Da vida aclara com luz sublime,
Como te chamas, risonho sêr?
Felicidade.
                    — Felicidade!
Deram-te um nome que nada exprime...
Felicidade que vem a ser?

Affonso Lopes Almeida

O primeiro beijo.

Só as estrellas e as ondas
podiam ver-nos a medo:
eu dei-lhe o primeiro beijo,
bem certo que era um segredo.

Mas uma estrella ciumenta
ás ondas o revelou:
ao remo - as ondas, e o remo
ao marinheiro o contou.

O marinheiro, voltando
das suas fainas do mar,
tambem foi dizel-o á noiva
e a noiva a todo o lugar.

Bulhão Pato

Offerta.

Eis aqui um bouquet e uma violeta escura,
Marqueza. Não traduz por fórma alguma, creia,
Este mimo gentil a mais pequena ideia
De conseguir o fim que o meu rival procura

Feriu-me a austera luz da sua formosura,
et graciosa altivez dos typos da Judeia.
E, quanto á distincção que de mim fez, tomei-a
Como uma coisa innocente, ideal e pura

Por conseguinte, eu fico alegre e satisfeito,
Si vir o meu bouquet nas curvas de seu peito,
Entre os flocos gentis das rendas transparentes...

E a violeta? Meu Deus, que fantasia louca!
Entre os frescos carmins de sua rosea bocca
Sob a casta pressão dos pequeninos dentes...

Soneto.

As tuas mãos sedosas, pequeninas,
Fidalgas mãos, ebúrneas, delicadas,
Parecem-me compostas de neblinas,
Entre os beijos da luz das madrugadas

E mais realçam essas mãos divinas
As tuas unhas cândidas, rosadas,
E as riscas ondeantes e bem finas
Das caprichosas veias onduladas...

Ai! quem me dera que essas mãos mimosas
A estrada de um futuro côr de rosas
E a tenda do descanso me apontassem;

Ai! quem me dera, pois, que essas mãosinhas
Se entrelaçassem no noivado ás minhas
E que na morte os olhos me cerrassem!

Alfredo de Assis.

Flora

— "Agora agora!" murmurei baixinho
nos ouvidos de Flora, a gentil Flora...
— "Não ha tempo a perder: é pouco o tempo!
Dá-me o beijo de amor... agora... agora!"

"Agora! agora!... que propicio instante
Para o beijo de amor que, tremor implora!"
Esconde o rosto por detraz do leque,
Como quem nao me viu... "Agora... agora!

"Ha mais de um anno que este amor faminto
Na esperança de um beijo se vigora!
Ha tanto tempo! meu amor... meu anjo!
Agora... agora... dá-me o beijo... agora!"

Voltou seu rosto por detraz do leque
Por um triz eu beijara a gentil Flora,
Si o maldito do pae nao vem saudar-me,
Perguntando a sorrir: "Nao dança agora?!"

Ha mais de um anno que este amor faminto

Na esperança de um beijo se vigora!
E, quando cuido havel-o, bate as azas...
Leve-te a breca o pae, querida Flora!

    Bruno Seabra

Num terraço.

Como as pombas mansamente
do cair das tardes calmas,
Vão pousar juntamente
No ninho odoroso e quente,
     Nossas almas,

Nossas almas viajantes,
Vão num giro enamorado,
Como as pombas alvejantes,
Pousar nas nuvens distantes
     Do passado...

        Luiz Guimarães Junior.

Revelação

Nada te digo nem direi... Mas penso
Que o meu olhar, quando em teus olhos pousa,
Te revela em segredo alguma cousa,
Alguma cousa deste amor immenso...

Minha bocca — bem vês — como uma lousa
É muda, embora num desejo intenso
Arda meu coração como um incenso,
Envolto no mysterio em que repousa...

Que outros proclamem seu amor em phrases
De fogo, alçando a voz enternecida,
Cheios de gestos e expressões fallazes...

Eu não... Nada te disse nem te digo...
Mas sabes que este amor é a minha vida
E que em silencio morrerá commigo...

Wenceslau de Queiroz

Five ó clock

Sós, na penumbra, a um canto do terraço,
E entre os dois, com elegancia e fino gosto,
O chá das cinco sobre a mesa posto
A que eu palreiramente as horas faço.

Deita o niveo bordado no regaço
E fita-me a condessa erguendo o rosto...
Ha rosas e oiro pelo céo de agosto,
Ha fragrancias e musicas no espaço.

Do excelso néctar que fumega e chorra
Serve-me, alvoroçada, tilintando
Os pingentes de prata da pulseira,

Toco-lhe a mão de angelica, indeciso,
E ella enrubece, a chavena me dando
Temperada de um beijo e de um sorriso!

B. Lopes.

Com bons olhos, quem ama, em torno tudo vê.
Folga, estremece, ri, sonha, respira e crê;
E crença doira e azula o circulo que o cinge;
Da volupia do bem o grau supremo attinge!

Eu tambem attingi esse supremo grau
Tambem fui bom e amei, e hoje odeio e sou mau
E as culpadas sois vós, visões encantadoras,
Virginias desleaes, desleaes senhoras!

Minha alma juvenil, ignea, meridional,
Num longo sorvo hauriu o perfido e letal
Philtro do vosso escuro e perigoso encanto

E a vossos pés rasguei tanto castello! tanto
Sonho se esperdiçou! tanta luz se perdeu!..
Amei: nem uma só de vós me comprehendeu.

Raimundo Corrêa

Toda aquella mulher tem a pureza
Que exhala o jasmineiro no perfume,
Lampeja seu olhar nos olhos negros
Como, em noite d'escuro, um vagalume...

Que suave moreno o de seu rosto!
E alma parece que seu corpo inflamma...
Simula até que sobre os labios della
Na côr vermelha tem errante chamma...

E quem dirá, meu Deus! que a lyra d'alma
Alli não tem um som - nem de falsete!
E, sob a imagem de apparente fogo,
É frio o coração como um sorvete!...

Alvares de Azevedo

Cahir das folhas

"Deixa-me, fonte!" Dizia
A flor, tonta de terror.
E a fonte, sonora e fria,
Cantava, levando a flor.

"Deixa-me, deixa-me, fonte!"
Dizia a flor a chorar...
"Eu fui nascida no monte,
Não me leves para o mar."

E a fonte, rapida e fria,
Com um sussurro zombador,
Por sobre a areia corria,
Corria levando a flor.

"Ai! balanços do meu galho,
Balanços do berço meu;
Ai! claro, gotas de orvalho
Cahidas do azul do céo!"

Chorava a flor, e gemia,

Branca, tonta de terror.
E a fonte sonora e fria
Rolava, levando a flor.

"Adeus, sombra das ramadas,
Cantigas do rouxinol!
Ai! festa das madrugadas,
Doçuras do pôr do sol!

Carícias das brisas leves
Que abrem rasgões de luar...
Fonte, fonte, não me leves,
Não me leves para o mar!..."

As correntezas da vida
E os restos do meu amor
Resvalam numa descida
Como a da fonte e da flor...

Vicente de Carvalho

Mater dolorosa.

Quando se fez ao largo a nave escura,
Na praia essa mulher ficou chorando,
No doloroso aspecto simulando
A lacrimosa estatua da Amargura.

Dos céos a curva era tranquilla e pura:
Dos gementes alciones o bando
Via-se, ao longe, em circulos, voando
Dos mares sobre a cérula planura.

Nas ondas se atufara o sol radioso,
E a lua succedera, astro mavioso,
De alvor banhando os alcantis das fragas..

E aquella pobre mae, não dando conta
Que o sol morrera, e que o luar desponta,
A vista embebe na amplidão das vagas...

Gonçalves Crespo.

Paysagem hollandeza.

Não me sais da memoria. És tu, querida amiga,
Uma imagem que eu vi numa aguarella antiga.
Era na Hollanda num fim de tarde. Num céo lavado,
Troncos abrindo no ar um pallio recortado...
Um moinho á beira d'agua e immensa e desconforme
A pincelada verde-azul de um barco enorme.
A casaria além... Perto o caes reflectindo
Uma barra de sombra entre as aguas bolindo...
E debruçada ao caes, olhando a tarde immensa
Uma rapariguita olha as aguas e pensa...
É loura e triste. Nos seus olhos claros anda
A mesma paz que envolve a paysagem da Hollanda
E tudo quieto. Uma ave passa, arminho e gasa,
A flor d'agua acenando adeus com o lenço da aza...
É a saudade de alguem que anda distante, a esmo,
Com a paysagem da Hollanda escondida em si mesmo
Com aquella rapariga a soffrer e a scismar
Num pôr de sol que dá vontade de chorar...

Ai não ser eu um moinho isolado e tristonho
Para viver como na paz de um grande sonho,
A reflectir a minha vida singular
Na agua dormente, na agua azul do teu olhar!

Olegario Mariano.

(H. Heine)

O mar tem suas perolas, em calma
Tem o céo mil estrellas, minha flor;
Mas minh'alma, minh'alma, esta minh'alma
  Tem teu amor!

Grande é o mar, grande o céo, porém maior
É o meu coração, lirio singelo;
Mais que os astros, que as perolas mais bello,
  Brilha este amor!

É teu! É teu! é teu todo o meu peito,
Todo o meu peito que se mescla, flor,
Ao grande mar, ao grande céo, desfeito
  Num só amor!

     Alberto de Oliveira

Não cubiçarás.

Febril, nervosa, exhausta, ella sorria
Ferindo os dedos no trabalho insano;
Tinha um desejo só - era um piano,
Por isso a pobre, nem sequer dormia.

Ganhou chorando a insolita quantia,
Depois de dias longos como um anno,
Que lhe exigiu a usura de um tyranno
Judeu, que nessas illusões não cria.

Quando afinal a escura agua-furtada
Veiu adornar o mimo cubiçado,
Como a rosa num tumulo plantada,

Com o seio ardente, o rosto desmaiado,
Ella pousou-lhe a mão enregelada
E morreu a sorrir sobre o teclado.

Luiz Guimarães Junior

105

Virgens!

Ó virgens que passaes, ao sol poente,
Pelas estradas ermas, a cantar!
Eu quero ouvir uma canção ardente,
Que me transporte ao meu perdido Lar.

Cantae-me, nessa voz omnipotente,
O sol que tomba, aureolando o Mar,
A fartura da seara reluzente,
O vinho, a graça, a formosura, o luar!

Cantae! cantae as limpidas cantigas!
Das ruinas do meu Lar desaterrae
Todas aquellas illusões antigas

Que eu vi morrer num sonho, como um ai...
Ó suaves e frescas raparigas,
Adormeci-me nessa voz... cantae!

Antonio Nobre

Yllusão. (Göethe).

Move-se além, na janella
Da vizinha o cortinado.
A'espreita vê, a douzella.
Si seu estou em casa encerrado.

E si a raiva ciumenta,
Que alimentei todo o dia,
Tuda a minh'alma apoquenta,
Pois que eu eterna a dizia.

Ai de mim! tal pensamento
Não tem a linda menina:
De tarde, bem vejo, é o vento
A doidejar co'a cortina.

Eugenio de Castro.

Primaveril.

Despertou; e eil-a já, fresca e rosada,
Na varzea em flor, que se atavia e touca
Da primavera ao bafo, e onde é já pouca
A neve, ao sol fundida e descoalhada...

E em sua tremula, infantil risada,
A bocca abrindo, patenteia, a louça,
Rico escrinio de perolas da bocca
Na pequenina concha nacarada...

Voa, as papoilas esflorando e as rosas...
Passa entre os jasmineiros que se agitam,
Ás vezes célere e pausada ás vezes...

E, sob as finas roupas vaporosas,
Seus leves pés, precipites, saltitam,
Pequenos, microscopicos, chinezes...

Raimundo Corrêa.

Despedida.

tinhas a dor no peito reprimida,
e a dor no peito reprimida eu tinha;
a tua mão estremecia unida...
unida junto ao coração e á minha.

E assim ficámos, ai de mim! retida
uma explosão de lagrimas... e vinha
— na angustia atroz daquella despedida —
vinha cahindo a languida tardinha.

Eu me entregava áquella dor vehemente
emquanto que sorrias tristemente,
o olhar tranquillo, o riso de bondade

E á luz crepuscular, etherea e mansa
sorria em teu olhar uma esperança,
e em meu olhar chorava uma saudade

Arthur Lobo.

Desencontro.

Quantas vezes me viste sem te eu ver,
E quantas eu te vi que me não viste!...
E só agora, ao ver que me fugiste,
Eu vejo o que perdi em te perder.

Estranha condição do estranho sêr,
Que alegre vive nesta vida triste:
Que só saibamos em que o bem consiste,
Quando o bem só consiste no morrer!...

Quão feliz eu seria, si na hora
Em que te vi, te visse, como agora,
Ideal nos meus sonhos ideaes.

Si o que eu sinto por ti sentir pudera,
Então, sorrindo, eu te diria: espera.
E hoje, chorando, não te espero mais!...

Silva Ramos.

Religião

Creio que Deus foi inspirado
Pelo ideal de um grande amor!
E, como um Poeta apaixonado,
Fez a mulher e fez a flor.

Fez, completando a obra divina,
Para ser justo em seu mister,
Da rosa, a carne feminina
O lirio, da alma da mulher.

Vivem na terra confundidas
Essas imagens ideaes,
Ambas formosas e queridas,
Mas tão diversas, sendo eguaes...

Pois nem o lirio, nem a rosa,
Tem esse encanto singular,
Essa expressão maravilhosa,
Que ha no sorriso de um olhar!

oh! a mulher é incomparavel!

Não tem um símile siquer!
E' indefinivel e adoravel!
E' mais que a flor, porque é mulher!

Ella é a suprema inspiradora!
Ella é a suprema adoração!
É creatura, e creadora,
Ella é maior que a creação!

Martins Fontes.

O amor é uma criancinha,
Que usa corôa e bordão,
Uma innocente rainha
Que vive esmolando pão.

Já rezaste a Santo Antonio,
E elle, maldoso, te deu
Para marido um demonio...
E este demonio sou eu!

O. Mangabeira.

Em desespero

Sabes que te amo, sabes, e no entanto
Olhos fechas e sátyras me atiras:
Julgas que os versos meus em que te canto
Não são mais que perjurios e mentiras.

Que sacrilegio, santo Deus! Deliras!
Dizer tal, tanto horror produzes, tanto,
Que até os astros estremecem de iras
E as flores ficam tremulas de espanto.

Mas amo, e que fazer?! Si não ha cura
Para males menores, ai! tão pouco
Não ha remedio para tal loucura.

E o desespero que me consome não finda
E vou ficando cada vez mais louco
Vendo que fica, cada vez mais linda.

Corrêa de Araujo.

(H. Heine ??).

Encosta a tua face delicada
c/'minha fronte pallida; porquanto
    Quero ver, minha amada,
O teu pranto fundir se com o meu pranto:

Agora deixa que o meu peito que ama
fique preso ao teu ????? ????????
Para que os ??????? corações ?????????
Queimem se a luz da mesma ardente chama

E depois quando sobre a chamma presto
et torrente das lagrimas, cahir;
Apertando-te mais - pallida flor!
Hei de morrer feliz, feliz de certo.
   Satisfeito e a sorrir
   Num delirio de amor.

<u>Luiz Rosa</u>

O POETA E O ÁLBUM

Vanguardista e transgressor. É com estas designações que Rachel Jardim se refere a Murilo Mendes, o amigo de sua mãe que nos idos de 1920 copiou cuidadosamente uma série de poemas, de outros autores, neste álbum de moça que agora, depois dos discretos e acidentados caminhos percorridos pelas relíquias de família, chega às nossas mãos.

Vanguardista e transgressora é, de fato, a imagem geral que se tem do poeta de Juiz de Fora, o irreverente autor da *História do Brasil*, o amigo de Ismael Nery, o *blagueur* dos anos heroicos do Modernismo, o surrealista, o cidadão do mundo em sua casa romana, décadas depois, notável conhecedor da arte moderna e amigo de grandes pintores. Após anos e anos mal editado no Brasil, naquele célebre limbo póstumo que parece invariavelmente se instalar após o desaparecimento de um artista, e durante o qual os exemplares das suas *Poesias* pela José Olympio eram disputados acirradamente nos sebos, a magnífica edição de sua *Poesia completa e prosa*, realizada por Luciana Stegagno Picchio em 1994, trouxe-o de volta ao nosso convívio, bem como a criação, em sua cidade natal, do Centro de Estudos Murilo Mendes. Era a volta do poeta, do prosador, do notável crítico de arte, da figura que se investiu de vários dos símbolos que representavam para nós a extrema modernidade.

Mas nesta imagem, como em todas, as contradições existem. Surrealista, porém católico, coisa que causaria o horror e o anátema de um André Breton. Católico como o seu amigo Jorge de Lima, com quem buscava "restaurar a poesia em Cristo" no livro a quatro mãos *Tempo e eternidade*. Seria, podemos imaginar, algo como um Claudel dentro do movimento surrealista ou um Tzara assistindo à missa. Mas as mesmas estranhezas poderiam ser localizadas em todo o Modernismo brasileiro. Enquanto pelo resto do mundo o Futurismo cultuava a máquina, a velocidade e o horror à tradição, entre nós, como num avatar do Indianismo, ele se voltava para o selvagem, para o colonial, para um nacionalismo historicista. Enquanto para qualquer modernista português daquele momento, apenas como um exemplo dentro do nosso território linguístico, o culto ao nacional causava asco e revolta, nosso Modernismo o praticou radicalmente em sua primeira fase.

Mas tudo isso são outras histórias. O rapaz alto e esguio da Juiz de Fora de 1919, o herói deste livro, copiou no álbum de sua amiga 37 poesias, de 27 poetas, sendo três delas traduções do alemão, uma de Goethe e duas de Heine. Todos os poetas, fora os dois românticos alemães, são brasileiros ou portugueses. Todos se enquadram literariamente num período que vai do Romantismo ao Neossimbolismo, passando pelo Parnasianismo, pelo Simbolismo e pelo Neoparnasianismo. Nada do que se poderia imaginar do gosto do futuro poeta Murilo Mendes. Mas seriam os poemas, de fato, frutos do seu gosto intrínseco e pessoal? Seriam a interpretação, o que é bem possível, do que fosse o gosto da amiga? Haveria na sua escolha alguma influência do ambiente em que então vivia, da sua amizade, por exemplo, com o poeta Belmiro Braga? Teria ele apenas, no seu exercício de calígrafo, selecionado os poemas com o objetivo de impressionar a amiga, através das virtudes da poesia? Seria a escolha dos poemas originária de uma terceira individualidade, em nenhum momento revelada?

Nunca saberemos, mas, de um modo ou de outro, o conteúdo do álbum é o perfeito retrato do que poderíamos chamar de gosto popular em relação à poesia naquele momento, com uma ou outra presença ou ausência mais estranhas, sobretudo, no último caso, a de Bilac, morto no ano anterior à cópia dos poemas em uma espécie de apoteose nacional, o que é ainda mais curioso perante a presença dos demais grandes parnasianos, Alberto de Oliveira e Raimundo Correia, os outros dois membros da "Trindade", mas também Vicente de Carvalho e Francisca Júlia, além de alguns nomes menores. Gosto popular no sentido de uma poesia mais diretamente sentimental, mais próxima do anedótico ou do quadro de gênero, como em certa pintura finissecular, mas não a poesia de pensamento, que poderia estar bem representada de Camões a Antero de Quental ou Cruz e Sousa, para não lembrarmos outros grandes nomes dificilmente conhecidos naquele momento e naquele lugar. Seleção mais de poetas menores do que de grandes poetas, embora estes não estejam ausentes, coletânea de nomes entre os quais alguns se encontram totalmente esquecidos, outro seria este álbum, pelo parâmetro de gosto popular a que nos referimos, se houvesse sido feito nos anos 1930, como outro seria nos anos 1950. O nosso, do fim dos anos 1910 e início dos 1920, é que será objeto da presente análise, poeta a poeta, escola a escola, para traçar um quadro compreensível ao leitor.

Poderíamos agrupar os poetas pela escolha estética, separá-los entre os dois países, as duas literaturas da mesma língua, então muito mais próximas do que hoje, mas julgamos mais claro analisá-los cronologicamente, num seguimento das datas de nascimento que acompanha, com maior ou menor exatidão, a sequência das escolas. Esqueçamos, por um momento, o Murilo Mendes futuro, o "nosso" Murilo Mendes, para nos dedicarmos aos poetas e às poesias chegadas até nós pela sua já amarelada caligrafia. Eles desfilarão pelas próximas páginas, do mais velho ao mais recente, muitos esquecidos, outros quase apenas um nome, outros presentes, pela força da grande arte, como se ainda estivessem vivos.

BULHÃO PATO (1829-1912)

Nascido em 3 de março de 1829, em Bilbao, na Espanha, Raimundo Antônio de Bulhão Pato é o mais antigo poeta reproduzido no álbum. O poemeto "O primeiro beijo", em três quadras em redondilha maior, rimadas nos versos pares, tem algo de Heine mas sobretudo do cancioneiro popular português. Está de fato muito perto da quadra popular anônima, da nossa trova, o que condiz com a posição do autor, que estreia como uma das figuras finais do Ultrarromantismo. Após retornar à sua pátria aos oito anos de idade, acaba por matricular-se na Escola Politécnica. Conhece as figuras maiores da vida literária portuguesa de então,

Garrett acima de tudo, Alexandre Herculano, Gomes do Amorim, Mendes Leal, entre outros. Como representante típico da terceira fase do Romantismo português, serviu de modelo para o personagem Alencar de Alenquer, nos *Maias*, de Eça de Queiroz. Publica *Poesias*, em 1850, *Versos*, em 1862, *Canções da tarde*, em 1866. A partir deste ano, quando edita o romance em verso *Paquita*, ambientado no clima de exotismo erótico do sul da Espanha, começam a se fazer perceptíveis na sua poesia as linhas que o aproximarão do Parnasianismo e do Realismo. Seguem-se *Flores agrestes*, em 1870, *Paisagens*, em 1871, e, em 1873, *Cantos e sátiras*, onde parte para a sátira político-social, a outra face, ao lado do tradicional lirismo amoroso, da poesia de então. Em 1877 publica *Sob os ciprestes*, onde se inicia nas impressões de viagens e memorialísticas, que atingirão o seu maior momento nos três volumes das *Memórias*, publicadas de 1894 a 1907, com importantes retratos dos grandes homens com quem conviveu. Em 1888 edita *Hoje – sátiras, canções, idílios*, ao qual se seguem *Lázaro Cônsul*, resposta satírica à sua caricatura feita por Eça de Queirós, em 1889, e *O livro do monte – geórgicas, líricas*, onde o descritivismo rural o aproxima do Parnasianismo, em 1896, isso para não lembrar outros títulos que vão do teatro à crítica literária. Morre em Torre da Caparica, em 24 de agosto de 1912,

7 anos antes de ter seu poema copiado, às margens do Paraibuna, por Murilo Mendes.

O primeiro beijo. *Só as estrelas e as ondas / podiam ver-nos a medo: / eu dei-lhe o primeiro beijo, / bem certo que era um segredo. // Mas uma estrela ciumenta / às ondas o revelou: / ao remo – as ondas, e o remo / ao marinheiro o contou. // O marinheiro, voltando / das suas fainas do mar, / também foi dizê-lo à noiva / e a noiva a todo o lugar.*

ÁLVARES DE AZEVEDO (1831-1852)

Não há grandes novidades a falar sobre o maior nome da nossa segunda geração romântica, o que maior influência exerceu, após a de Gonçalves Dias, na história do nosso Romantismo e na criação de uma dicção lírica especificamente brasileira. Nascido em 12 de setembro de 1831 em São Paulo, onde seu pai estudava direito, mas de família da Província do Rio de Janeiro, Manuel Antônio Álvares de Azevedo volta ainda criança à Corte. Enfermiço, a partir de certa idade passa a revelar espantosa precocidade. Um dos seus professores, o Dr. Stoll, chega a dizer a seu respeito, em carta ao pai do poeta, que "ele reúne, o que é muito raro, a maior inocência à mais vasta capacidade intelectual que encontrei na América numa criança de sua idade". A partir de 1848 passa a frequentar a Academia de Direito de São Paulo. Leitor voraz, conhecedor de todas as grandes obras da literatura mundial da época, produz uma obra espantosamente vasta, até morrer, em 25 de abril de 1852, no Rio de Janeiro, aos 20 anos de idade, de um inesperado tumor na fossa ilíaca, e não de tuberculose, que nunca teve e que lhe é comumente atribuída. Sempre obcecado pelo pressentimento da morte, mas dotado de um lado irônico sem paralelo nos outros poetas da escola, deixou alguns dos maiores poemas do lirismo brasileiro, "Pedro Ivo", que já antevê o Condoreirismo, "Lembrança de morrer", "Se eu morresse amanhã", "Um canto do século", "Meu sonho", "Pálida, à luz da lâmpada sombria", entre outros. Casando a forte influência de Byron com a de Musset, o *spleen* e o *mal du siècle*, a *Lira dos vinte anos*, publicada em 1853, exercerá influência inapreciável sobre toda a poesia brasileira, assim como *A noite na taverna* sobre a prosa. Núcleos verbais e expressões poéticas de Álvares de Azevedo são encontráveis em Casimiro de Abreu, Fagundes Varela e mesmo na figura fortemente centrada e sem paralelo de Castro Alves. O poema selecionado por Murilo, "Toda aquela mulher tem a pureza", em três quadras de decassílabos rimados nos versos pares, tem a peculiaridade de ser da segunda das três partes da *Lira dos vinte anos*, justamente a parte dos poemas irônicos e satíricos, sobre o amor, o dinheiro, o tédio, e provavelmente a menos reproduzida do livro. Como é típico nos poemas irônicos da época, um enunciado plenamente lírico se resolve em um inesperado desfecho quase cômico.

Toda aquela mulher tem a pureza / Que exala o jasmineiro no perfume, / Lampeja seu olhar nos olhos negros / Como, em noite d'escuro, um vaga-lume... // Que suave moreno o de seu rosto! / A alma parece que seu corpo inflama... / Simula até que sobre os lábios dela / Na cor vermelha tem errante chama... // E quem dirá, meu Deus! que a lira d'alma / Ali não tem um som – nem de falsete! / E, sob a imagem de aparente fogo, / É frio o coração como um sorvete!...

BRUNO SEABRA (1837-1876)

Ainda dentro do Romantismo, aparece agora o poeta paraense Bruno Henrique de Almeida Seabra, autor de *Flores e frutos*, publicado em 1862. Nascido em 6 de outubro de 1837, a bordo de um navio, depois da formação em sua província natal vem para a Corte, onde se torna funcionário da alfândega. Foi depois secretário da presidência no Paraná e em Alagoas, e finalmente na Bahia, onde faleceu em 8 de abril de 1876. Publicou *Um fenômeno do tempo presente*, em 1855, *Tipos burlescos*, em 1859, *Dr. Pancrácio* e *Paulo*, romances, em 1861, *Memórias de um pobre diabo*, em 1869, além de obras teatrais. Toda a sua fama advém porém de *Flores e frutos*, que, além da boa repercussão na época, caiu nas graças de Sílvio Romero, o que aliás não representa a menor garantia de qualidade estética. Da página 120 da edição original deste livro é que provém o poema copiado por Murilo Mendes, "Flora", em quatro quadras de decassílabos rimados, com uma só rima, nos versos pares, poema romântico-jocoso e dialogado, com o mesmo tom faceto do poema de Álvares de Azevedo.

Flora. *–"Agora! agora!" murmurei baixinho / Nos ouvidos de Flora, a gentil Flora... / –"Não há tempo a perder: é pouco o tempo! / Dá-me o beijo de amor... agora...agora!" // "Agora! agora!... que propício instante / Para o beijo de amor que Amor implora!" / Esconde o rosto por detrás do leque, / Como quem não me viu... "Agora... agora!" // "Há mais de um ano que este amor faminto / Na esperança de um beijo se vigora! / Há tanto tempo! Meu amor... meu anjo! / Agora... agora... dá-me o beijo... agora!" // Voltou seu rosto por detrás do leque / Por um triz eu beijara a gentil Flora, / Se o maroto do pai não vem saudar-me, / Perguntando a sorrir: "Não dança agora?!" // Há mais de um ano que* *este amor faminto / Na esperança de um beijo se vigora! / E, quando cuido havê-lo, bate as asas.... / Leve-te a breca o pai, querida Flora!*

LUÍS GUIMARÃES JÚNIOR (1845-1898)

Poeta de transição do Romantismo para o Parnasianismo, como se pode notar pelo crescente uso do soneto, forma pouco cara aos românticos e que seria a forma de eleição dos parnasianos e dos simbolistas no Brasil, Luís Caetano Pereira Guimarães Júnior nasceu no Rio de Janeiro, em 17 de fevereiro de 1845. Aos 16 anos dedica seus primeiros escritos a Machado de Assis, com quem entra em contato, e que lhe escreve uma carta incentivadora. Matricula-se em 1863 na Academia de Direito de São Paulo, transferindo-se depois para o Recife, onde foi colega de Castro Alves e Tobias Barreto. Tendo estreado uma peça de teatro e colaborado na imprensa pernambucana, volta ao Rio de Janeiro, onde exerce vasta atividade literária como folhetinista e dramaturgo, além de criar a Nova Legião, espécie de sociedade pela emancipação feminina. Nomeado secretário da Legação do Brasil em Londres, casou-se em 1873, servindo depois em Roma e Lisboa, e finalmente como enviado extraordinário na Venezuela. Aposentado em 1894, transferiu-se para Lisboa, onde se tornou amigo de Eça de Queiroz, Guerra Junqueiro, Ramalho Ortigão, Pinheiro Chagas e Bulhão Pato, autor também representado no álbum, tendo falecido na mesma capital em 20 de maio de 1898. Publicou *Corimbos*, em 1869, *Filigranas*, em 1872, *Sonetos e rimas*, talvez seu livro mais importante, em 1880, além de numerosas obras em prosa e para teatro. Um dos bons poetas desse momento de transição da poesia brasileira, deixou alguns sonetos celebérrimos, como "O coração que bate neste peito" e "Visita a casa paterna". O primeiro poema seu copiado por Murilo, "Num terraço", em duas quintilhas de quatro heptassílabos seguidos de um verso de três sílabas, com esquema rímico ABAAB, pertence claramente à fase romântica do autor. O outro, o soneto "Não cobiçarás", apesar do tom patético e do protesto social implícito, já se aproxima fortemente do Parnasianismo, o Parnasianismo das cenas de gênero, das anedotas morais – que também dominaram muita pintura da época – como num outro soneto célebre, "A vingança da porta", de Alberto de Oliveira.

•

Num terraço*. Como as pombas mansamente / Ao cair das tardes calmas, / Vão pousar juntamente / No ninho odoroso e quente, / Nossas almas, // Nossas almas viajantes, / Vão num giro enamorado, / Como as pombas alvejantes, / Pousar nas nuvens distantes / Do passado...*

***Não cobiçarás**. Febril, nervosa, exausta, ela sorria / Ferindo os dentes no trabalho insano; / Tinha um desejo só – era um piano, / Por isso a pobre nem sequer dormia. // Ganhou chorando a insólita quantia, / Depois de dias longos como um ano, / Que lhe exigiu a usura de um tirano / Judeu, que nessas ilusões não cria. // Quando afinal a escura água-furtada / Veio adornar o mimo cobiçado, / Como a rosa num túmulo plantada, // Com o seio ardente, o rosto desmaiado, / Ela pousou-lhe a mão enregelada / E morreu a sorrir sobre o teclado.*

GONÇALVES CRESPO (1846-1883)

Antônio Cândido Gonçalves Crespo representa um desses casos em que fica difícil determinar a nacionalidade literária do autor, se brasileiro ou português, o que ocorre, em outros níveis, com um Antônio Vieira, um Antônio José da Silva, o Judeu, ou um Tomás Antônio Gonzaga. Nascido em 11 de março de 1846 no Rio de Janeiro, filho de um português e uma mulata, aos 14 anos foi enviado pelo pai a Portugal, residindo no Porto e em Braga. Em 1870 ingressa na Universidade de Coimbra, colaborando no periódico estudantil *A Folha*, ao lado de Antero de Quental e Guerra Junqueiro. No ano seguinte lança *Miniaturas*. Em 1874 casa-se com a escritora Maria Amália Vaz de Carvalho. Ao se formar, em

1877, muda-se para Lisboa e naturaliza-se português. Por esse motivo, aliás, foi o seu nome impugnado para patrono de uma cadeira na Academia Brasileira de Letras, quando de sua fundação, contrariando ideia de Garcia Redondo e Silva Ramos. Eleito deputado nas legislaturas de 1879 e 1881, foi igualmente membro da Academia Real das Ciências de Lisboa. Em 1882 publicou *Noturnos*, falecendo, tuberculoso, em 11 de junho do ano seguinte. Em 1897 saíram as suas *Obras completas*. Primeiro tradutor, que se saiba, de Verlaine para a língua portuguesa, influenciado por muitos outros poetas franceses, foi pelo apuro formal e pelo descritivismo um dos nomes centrais do Parnasianismo português. Em vários poemas seus representa a paisagem brasileira, toque de exotismo que servia perfeitamente ao seu ideário estético. É autor de alguns dos poemas mais famosos e antologiados da poesia portuguesa, como "O juramento do árabe" e este famosíssimo soneto "*Mater* dolorosa", copiado por Murilo Mendes, que, neste caso, reproduziu uma *pièce de resistance* do autor em questão.

Mater *dolorosa*. *Quando se fez ao largo a nave escura / Na praia essa mulher ficou chorando, / No doloroso aspecto simulando / A lacrimosa estátua da Amargura. // Dos céus a curva era tranquila e pura: / Das gementes alcíones o bando / Via-se, ao longe, em círculos, voando / Dos mares sobre a cérula planura. // Nas ondas* *se atufara o sol radioso, / E a lua sucedera, astro mavioso, / De alvor banhando os alcantis das fragas... // E aquela pobre mãe, não dando conta / Que o sol morrera, e que o luar desponta, / A vista embebe na amplidão das vagas...*

CONDE DE MONSARÁS (1852-1913)

Antônio de Macedo Papança, o Conde de Monsarás, nasceu em Reguengos de Monsarás, no Alentejo, em 20 de julho de 1852. Formado em Direito pela Universidade de Coimbra, foi deputado, par do reino e embaixador ao Congresso da Paz de 1900. Publicou, em 1876, *Crepusculares*, seguido de *Catarina de Ataíde*, em 1880, e, no centenário do Marquês de Pombal em 1882, *Telas históricas*. Em 1908 lançou seu livro mais importante, *Musa alentejana*, onde, em forma parnasiana mas sem excessivos apuros formais, pinta um grande retrato poético do ambiente físico, humano e social do Alentejo. Com a proclamação da República, em 1910, abandonou Portugal, exilando-se em Paris, só retornando à pátria no ano de sua morte, em 17 de julho de 1913. O soneto copiado por Murilo, "Oferta", em alexandrinos, é um típico exemplo de estilo senhorial-galante, que encontramos de maneira muito próxima em um poeta como B. Lopes, com a curiosidade de que, se no caso do Conde de Monsarás, nobre verdadeiro, o diálogo com uma Marquesa não soa nada absurdo ou artificial, no caso de plebeíssimo e paupérrimo poeta fluminense a impossibilidade talvez acrescente, não em ridículo, mas em certa graça piedosa, algum encanto ao estilo.

Oferta. *Eis aqui um* bouquet *e uma violeta escura, / Marquesa. Não traduz por forma alguma, creia, / Este mimo gentil a mais pequena ideia / De conseguir o fim que o meu rival procura // Feriu-me a austera luz da sua formosura, / A graciosa altivez dos tipos da Judeia. / E, quanto à destruição que de mim fez, tornei-a / Como uma coisa inocente, ideal e pura // Por conseguinte, eu fico alegre e satisfeito, / Se vir o meu* bouquet *nas curvas de seu peito, / Entre os flocos gentis das rendas transparentes... // E a violeta? Meu Deus, que fantasia louca! / Entre os frescos carmins de sua rósea boca, / Sob a casta pressão dos pequeninos dentes...*

SILVA RAMOS (1853-1930)

Nascido no Recife, em 6 de março de 1853, José Júlio da Silva Ramos, filho de um médico formado em Coimbra e de mãe portuguesa, que perdeu ainda criança, foi muito jovem mandado para Portugal, onde foi criado pelas tias. Estudou em Lisboa, esteve quando adolescente no Brasil, voltando em seguida para Portugal. Formou-se em Direito na Universidade de Coimbra, em 1877. Conviveu com Gonçalves Crespo, com o Conde de Monsarás, João de Deus, João Penha, Guerra Junqueiro, Conde de Sabugosa, entre outros. Em 1871, em Coimbra, publica seu primeiro livro, *Adejos*. Nos anos de 1880, após um período na Inglaterra, retorna a Pernambuco, onde exerceu atividade jornalística. Transferindo-se para o Rio de Janeiro, passa a dedicar-se integralmente ao magistério, tornando-se catedrático de Português no Colégio Pedro II. Voltando-se cada vez mais às questões filológicas, foi membro fundador da Academia Brasileira de Letras, na cadeira nº 37, com Tomás Antônio Gonzaga como patrono, uma vez que o nome de Gonçalves Crespo não fora aceito por se ter naturalizado português. Um dos grandes defensores da reforma ortográfica de 1911, publicou também *Pela vida afora...*, em 1922, *A reforma ortográfica*, em 1926, e *Centenário de João de Deus*, em 1930. O seu extremo lusitanismo era fato pitoresco e notório, registrado pelos cronistas da época. Dele disse Alcântara Machado: "Tudo tem nele sotaque marcadamente lusitano: a prosódia, substância musical da língua, e a sintaxe, regimento interno do idioma; os hábitos e as inclinações; as tendências afetivas e intelectuais". Faleceu no Rio de Janeiro em 15 de dezembro de 1930. No soneto copiado por Murilo Mendes, "Desencontro", essas características são claramente perceptíveis, sobretudo no tom quase camoniano dos quartetos.

Desencontro. *Quantas vezes me viste sem te eu ver, / E quantas eu ti vi que me não viste!... / E só agora, ao ver que me fugiste, / Eu vejo o que perdi em te perder. // Estranha condição do estranho ser, / Que alegre vive nesta vida triste: / Que só saibamos em que o bem consiste, / Quando o bem só consiste no morrer!... // Quão feliz eu seria, se na hora / Em que te vi, te visse, como agora, / Ideal nos meus sonhos ideais. // Se o que eu sinto por ti sentir pudera, / Então, sorrindo, eu te diria: espera, / E hoje, chorando, não te espero mais!...*

FONTOURA XAVIER (1856-1922)

Antônio Vicente de Fontoura Xavier nasceu em Cachoeira do Sul, no Rio Grande do Sul, em 7 de junho de 1856. Na Corte, estudou na Escola Central, e depois, em São Paulo, na Academia de Direito, que não concluiu. De volta ao Rio de Janeiro, torna-se jornalista, trabalhando na *Revista Ilustrada*, na *Gazeta de Notícias* e na *Gazetinha*, que fundou, ao lado de Artur Azevedo. Em 1877 publica *O régio saltimbanco*, violento panfleto em versos contra a Monarquia. Em 1884 lança a sua obra mais importante, *Opalas*, com edição definitiva de 1905, em Lisboa. Entrando para a carreira diplomática, exerceu postos nos Estados Unidos, na Venezuela e na Europa. Tentou participar, sem sucesso, do grupo fundador da Academia Brasileira de Letras. Com o início da Primeira Grande Guerra, retorna ao Brasil. Em 1920 é nomeado embaixador em Lisboa por Epitácio Pessoa, falecendo na capital portuguesa em 1º de abril de 1922. O poema copiado por Murilo, "Num leque", consta de uma oitava heroica, com a distribuição de rimas tradicional da mesma, apesar do tema galante-historicista, já antes identificado em outros poemas reproduzidos neste álbum.

Num leque. *Houve outrora na corte do Rei-Sol / Um bardo, cuja pena caprichosa / Era o bico sutil de um rouxinol; / E co'a pena bizarra e maviosa, / Embebida nas tintas do arrebol, / Ele escrevia em pétalas de rosa... / Com essa pena, em beijos embebida, / Neste cetim escrevo-te, querida.*

B. LOPES (1859-1916)

Bernardino da Costa Lopes, conhecido como B. Lopes, nasceu em Boa Esperança, distrito de Rio Bonito, na Província do Rio de Janeiro, em 19 de janeiro de 1859. Caixeiro em Santana de Macacu, torna-se funcionário dos Correios no Rio de Janeiro. Casa-se com Cleta Vitória de Macedo, com quem tem cinco filhos, mas depois a abandona por Adelaide de Mendonça Uchoa, cabocla pernambucana por quem nutria violenta paixão e que chamava nos seus versos de Sinhá Flor. Publica *Cromos*, em 1881, *Pizzicatos*, 1886, *Dona Carmem*, 1894, *Brasões*, 1895, *Sinhá Flor*, 1899, *Val de lírios*, 1900, *Helenos*, 1901, e *Plumário*, 1905. Poeta situado entre o Parnasianismo e o Simbolismo, crescentemente tendendo ao segundo, sofreu forte influência de Cesário Verde, tal qual ocorreu, em outro registro, com um Augusto dos Anjos. Tal influência se detecta claramente em poemas como "Inverno". Obcecado por um ambiente imaginário de riqueza e de nobreza, foi não poucas vezes ridicularizado por isso. Certa vez, num aniversário de Sinhá Flor, publica um soneto com o seguinte oferecimento: "Arrancado aos campos e jardins do Parnaso, no primeiro dia da florescência dos lilases, aniversário de Sinhá Flor", que é logo respondido pela seguinte paródia de Emílio de Meneses:

"Arrancado às hortas e capinzais do Catumbi, no primeiro dia da florescência dos agriões, aniversário de Sinhá Flor"

Como passas, B. Lopes? — Eu? Maluco!
Julguei um dia possuir princesas...
— E arranjaste este tipo mameluco?
— Que anda me pondo cá lampas acesas.

— Mas eu te vejo sempre em tais proezas...
— "Era a mais bela flor de Pernambuco"
— E hoje? perdeu acaso tais belezas?
É o mais feio canhão de Chacabuco.

Mas coragem! que a rima se derive
Pelo reguinho do meu verso, à toa,
Murmurando, ao passar, rimas em ive.

Vejo-te magro, espinafrado... — É boa!
Pois tu não sabes que comigo vive
D. Adelaide de Mendonça Uchoa?

que obviamente não deixou de ter a sua resposta. É autor de algumas obras-primas da poesia brasileira, como os sonetos à morte da mãe, o em homenagem à sua terra natal, os sobre o seu sofrimento amoroso, além de inúmeros outros de um cromatismo e de uma projeção visual ímpares. Em plena decadência, pobre, alcoólatra, tuberculoso e epiléptico, escreve, a pedidos, na época da Campanha Civilista, um par de sonetos em homenagem ao general Hermes da Fonseca, o primeiro dos quais terminava com o verso ridículo que correu o Brasil: "– Bonito herói! Cheirosa criatura!", e que acarretaram o pronunciamento absolutamente cruel de Rui Barbosa, em pleno Senado Nacional, intitulado "O bodum das senzalas". Morre no Rio de Janeiro em 18 de setembro de 1916. Em 1945, pela editora Zélio Valverde, Andrade Murici publica as suas *Poesias completas*. O soneto em decassílabos copiado por Murilo Mendes, "*Five o'clock*", onde o protagonista toma chá com uma condessa, é típico do estilo galante-ornamental do poeta.

Five o'clock. Sós, na penumbra, a um canto do terraço, / E entre os dois, com elegância e fino gosto, / O chá das cinco sobre a mesa posto / A que eu palreiramente as honras faço. // Deita o níveo bordado no regaço / E fita-me a condessa erguendo o rosto... / Há rosas e oiro pelo céu de agosto, / Há fragrâncias e músicas no espaço. // Do excelso néctar que fumega e cheira / Serve-me, alvoroçada, tilintando / Os pingentes de prata da pulseira, // Toco-lhe a mão de angélica, indeciso, / E ela enrubesce, a chávena me dando / Temperada de um beijo e de um sorriso!

ALBERTO DE OLIVEIRA (1859-1937)

Antônio Mariano Alberto de Oliveira, um dos três nomes da "Trindade Parnasiana", nasceu em Palmital de Saquarema, Província do Rio de Janeiro, em 28 de abril de 1857. Aos 14 anos transfere-se para a Corte, frequentando o Colégio Aquino. Em 1877, após ter sido guarda-livros em Itaboraí, muda-se para Niterói. Publica então o seu primeiro soneto na *Gazeta de Notícias*. No ano seguinte estreia com *Canções românticas*, ainda em forma muito próxima ao Romantismo, livro elogiado por Machado de Assis. Em 1880 matricula-se na Faculdade de Medicina do Rio de Janeiro, que cursa até o terceiro ano, passando então para o curso de Farmácia, no qual se forma em 1883. Entre seus amigos de então se contavam Olavo Bilac, que teria um célebre noivado fracassado com a sua irmã Amélia de Oliveira, Raimundo Correia, Raul Pompeia, Machado de Assis, Aluísio de Azevedo e o diretor da *Gazeta de Notícias*, Ferreira de Araújo. Em 1884 publica o seu segundo livro, *Meridionais*, com prefácio do futuro autor de *Dom Casmurro*. Seguem-se *Sonetos e poemas*, em 1885, *Versos e rimas*, 1895, *Poesias*, 1900, *Poesias, 2ª série*, 1905, *Poesias, 3ª série*, 1913, *Céu, terra e mar*, 1914, *Ramo de árvore*, 1922, *Poesias, 4ª série*, 1927, *Poesias escolhidas*, 1933, além de diversas publicações antológicas, geralmente em colaboração com o seu discípulo e epígono Jorge Jobim, pai do futuro maestro Antônio Carlos Jobim. Colaborador de numerosos periódicos e membro de várias instituições e academias, é nomeado oficial de gabinete do governador do Estado do Rio de Janeiro em 1892. Depois assume como diretor-geral da Instrução Pública. Foi membro fundador da Academia Brasileira de Letras, na cadeira nº 8. Casa-se com a viúva Maria da Glória Rebelo em 1899, passando a morar em Petrópolis. Em 1910 volta ao Rio de Janeiro, instalando-se na rua Abílio, em São Cristóvão. Perde a mãe e a mulher em 1919. Em 1924, por concurso da revista *Fon-Fon*, é eleito "Príncipe dos Poetas Brasileiros". Em 1926, por desejo de uma sua enteada, cede a casa da rua Abílio a uma instituição religiosa, escrevendo a respeito um dos seus mais belos sonetos. É eleito no mesmo ano presidente da Academia Brasileira de Letras, mas renuncia ao cargo. Faleceu em Petrópolis, na casa de seu irmão Luís Mariano, a 19 de janeiro de 1937. De Alberto de Oliveira, formalmente talvez o mais ortodoxo dos nossos parnasianos, Murilo Mendes copiou a tradução de uma canção de Heine, em quadras de três decassílabos e um trissílabo, com rimas alternadas, que começa com o verso "O mar tem suas pérolas, em calma", publicada em *Meridionais*. O outro poema que aparece com o nome de Alberto de Oliveira é uma quadra em redondilhas maiores rimadas nos versos pares, sob o título de "Anel de noivado", quase uma trova, poema ou fragmento de poema que não localizamos na obra do poeta fluminense. Por suas características formais, seria provavelmente de sua primeira fase, caso seja realmente dele. A outra hipótese, mais provável, é a de ser de autoria do poeta português Alberto de Oliveira, perfeito homônimo do primeiro, nascido no Porto em 1873 e falecido na mesma cidade em 1940. Como não pudemos compulsar todas as poesias de Alberto de Oliveira lusitano e não localizamos a quadra na obra de Alberto de Oliveira brasileiro, registramos a presença da quadra neste texto sobre o último.

Anel de noivado*. Perdoa tu que eu só possa / Uma esmeralda mandar / A quem me deu, para sempre, / As duas do seu olhar!*

(*H. Heine*). *O mar tem suas pérolas, em calma / Tem o céu mil estrelas, minha flor; / Mas minh'alma, minh'alma, esta minh'alma / Tem teu amor! // Grande é o mar, grande o céu, porém maior / É o meu coração, lírio singelo; / Mais que os astros, que as pérolas mais belo, / Brilha este amor! // É teu! É teu! é teu todo o meu peito, / Todo o meu peito que se mescla, flor, / Ao grande mar, ao grande céu, desfeito / Num só amor!*

RAIMUNDO CORREIA (1860-1911)

Membro da "Trindade Parnasiana" com Bilac e Alberto de Oliveira, para muitos o maior ou o "mais artista" dos nossos parnasianos, e incontestavelmente um dos grandes mestres do verso na poesia brasileira, Raimundo da Mota de Azevedo Correia, nasceu em 13 de maio de 1859, a bordo de um navio que passava pelas costas do Maranhão, as mesmas que cinco anos depois assistiriam à desaparição de Gonçalves Dias. Veio criança para o Rio de Janeiro, matriculando-se no Internato do Colégio Pedro II. Em 1878 tranfere-se para São Paulo, junto com o futuro tribuno republicano Silva Jardim, para cursar a Faculdade de Direito. Colabora na imprensa e em 1879 estreia com *Primeiros sonhos*. Abolicionista e republicano, formou-se em 1882, publicando no ano seguinte *Sinfonias*, com prefácio de Machado de Assis. É nomeado na mesma época promotor de justiça em São João da Barra, na Província do Rio de Janeiro, passando depois para São João do Príncipe. Em 1884 é nomeado juiz municipal de Vassouras, casando-se com Mariana de Abreu Sodré. Durante a sua estada na famosa cidade dos barões do café, colabora em *O Vassourense*, para onde também escreviam todos os outros grandes nomes do Parnasianismo, além de Alphonsus de Guimaraens. Em 1887 publica *Versos e versões*, e em 1891, *Aleluias*. No ano seguinte é nomeado diretor da Secretaria de Finanças de Ouro Preto. Membro-fundador da Academia Brasileira de Letras, ocupou a cadeira nº 5. Em 1897 é nomeado segundo-secretário da Legação do Brasil em Lisboa, ali lançando, no ano seguinte, suas *Poesias*, uma criteriosa antologia de sua produção até aquele momento. Volta ao Brasil em 1899, passando a residir em Niterói. Ocupa ainda diversos cargos na justiça do Rio de Janeiro, até partir para a Europa, doente, em 1911. Morre a 13 de setembro desse ano, em Paris, de uremia, nos braços da esposa, sendo enterrado no Père Lachaise. Em 1920, por iniciativa da Academia Brasileira de Letras, tem seus restos trasladados para o Brasil, junto com os do poeta Guimarães Passos, também morto na capital francesa, sendo enterrado no Cemitério de São Francisco Xavier. Poeta de enorme popularidade, acusado de plágio, em polêmica célebre, pelo sempre atrabiliário e perturbado Luís Murat, seus dois sonetos mais famosos, "As pombas" e "Mal secreto" são de fato desentranhados de uma estrofe de Metastasio e de um trecho em prosa de Théophile Gautier, em *Mademoiselle de Maupin*, tendo sido o primeiro deles depois quase plagiado por Antônio Nobre em um soneto seu, o que demonstra a complexidade de atribuição das ideias poéticas. Inesquecíveis no entanto são as obras-primas como "Banzo", "A cavalgada", "Citera", "Noites de inverno", "Saudade" ou o já simbolista "Plenilúnio". Das suas poesias, Murilo Mendes copiou o soneto em decassílabos "Desdéns", o soneto em alexandrinos com as rimas em dísticos, forma rara, "Com bons olhos, quem ama, em torno tudo vê", o conhecido soneto em decassílabos "Primaveril".

Desdéns. *Realçam no marfim da ventarola / As tuas unhas de coral – felinas / Garras, com que, a sorrir, tu me assassinas / Bela e feroz – O sândalo se evola; // O ar cheiroso em redor se desenrola; / Pulsam os seios, arfam as narinas... / Sobre o espaldar de seda o torso inclinas / Numa indolência mórbida, espanhola... // Como eu sou infeliz! Como é sangrenta / Essa mão impiedosa que me arranca / A vida aos poucos, nesta morte lenta! // Essa mão de fidalga, fina e branca; / Essa mão, que me atrai e me afugenta, / Que eu afago, que eu beijo, e que me espanca!*

•

Com bons olhos, quem ama, em torno tudo vê, / Folga, estremece, ri, sonha, respira e crê; / A crença doira e azula o círculo que o cinge; / Da volúpia do bem o grau supremo atinge! // Eu também atingi esse supremo grau: / Também fui bom e amei, e hoje odeio e sou mau! / E as culpadas sois vós, visões encantadoras, / Virgínias desleais, desleais Eleonoras! // Minha alma juvenil, ígnea, meridional, / Num longo sorvo hauriu o pérfido e letal / Filtro do vosso escuro e perigoso encanto! // A vossos pés rasguei tantos castelos! Tanto / Sonho se esperdiçou! Tanta luz se perdeu!... / Amei: nem uma só de vós me compreendeu!

•

Primaveril. *Despertou; e ei-la já, fresca e rosada, / Na várzea em flor, que se atavia e touca / Da primavera ao bafo,* *e onde é já pouca / A neve, ao sol fundida e descoalhada... // E em sua trêmula, infantil risada, / A boca abrindo, patenteia, a louca, / Rico escrínio de pérolas da boca / Na pequenina concha nacarada... // Voa, as papoilas esflorando e as rosas... / Passa entre os jasmineiros que se agitam, / Às vezes célere e pausada às vezes... // E, sob as finas roupas vaporosas, / Seus leves pés, precípites, saltitam, / Pequenos, microscópicos, chineses...*

VENCESLAU DE QUEIRÓS (1865-1921)

Venceslau José de Oliveira Queirós nasceu em Jundiaí, São Paulo, em 2 de dezembro de 1865. Aos 8 anos entrou como aluno interno do Colégio Caraça, visando seguir a carreira eclesiástica, mas logo constatando ser destituído de vocação. Em 1883 matricula-se na Faculdade de Direito de São Paulo, onde participou da fundação da revista *A Ideia*. Depois participará ainda da *Revista dos Novos* e da *Tribuna Acadêmica*. Em 1887, com Raimundo Correia e Bilac, lança *A Violeta*. Em 1883, ano em que publica *Goivos*, participa com Emiliano Perneta de uma boêmia literária onde circulam as ideias do Simbolismo, e na qual se encontravam Raul Pompeia, Rodrigo Otávio, Horácio de Carvalho, Paulo Prado, Afonso

Arinos, entre outros. Por essa época escreve o poemeto chamado *"Nevrose"*. Ezequiel Freire chamou-o, em 1887, "Baudelaire paulistano". Manteve grande atividade jornalística, travando polêmicas com Filinto de Almeida e Vicente de Carvalho. Publicou *Versos*, em 1890, *Heróis*, em 1898, *Sob os olhos de Deus*, em 1901, e, postumamente, *Rezas do diabo*, em 1939. Em 1905 foi um dos fundadores do Conservatório Dramático e Musical de São Paulo. Foi membro-fundador da Academia Paulista de Letras, onde ocupou a cadeira nº 9, além de deputado federal e depois juiz, falecendo na capital do seu Estado natal em 29 de janeiro de 1921. O soneto em decassílabos copiado por Murilo Mendes, "Revelação", nada revela, em sua sobriedade amorosa-confessional, da tendência estética deste simbolista de primeira hora.

***Revelação**. Nada te digo nem direi... Mas penso / Que o meu olhar, quando em teus olhos pousa, / Te revela em segredo alguma cousa, / Alguma cousa deste amor imenso... // Minha boca – bem vês – como uma lousa, / É muda, embora num desejo intenso / Arda meu coração como um incenso, / Envolto no mistério em que repousa... // Que outros proclamem seu amor em frases / De fogo, alçando a voz enternecida, / Cheios de gestos e expressões falazes... // Eu não... Nada te disse nem te digo... / Mas sabes que este amor é a minha vida / E que em silêncio morrerá comigo...*

VICENTE DE CARVALHO (1866-1924)

Talvez o maior dos nossos parnasianos entre os que não entraram na "Trindade", Vicente de Carvalho nasceu em Santos, a 5 de abril de 1866. Descendente de velhos troncos paulistas, começou muito cedo a escrever poesia. Abandonou os estudos aos 11 anos, para trabalhar no comércio. Entrou depois no Seminário Episcopal da capital, que abandonou após assistir à insuportável contradição do violento castigo infligido a um escravo recapturado após fugir aos maus-tratos dos padres. Continuou a estudar em outros colégios e, aos 16 anos, por ser muito novo, conseguiu dispensa especial da Assembleia Geral do Império para matricular-se na Faculdade de Direito. Bacharelou-se aos 21 anos, tendo concomitantemente ao curso exercido a profissão de guarda-livros para ajudar a família. Em 1885 publicou o seu livro de estreia, *Ardentias*. Abolicionista e republicano convicto, colaborou em vários órgãos de imprensa, fazendo parte do Diretório Republicano de Santos. Fez parte também do grupo conhecido como Boêmia Abolicionista, ajudando na fuga de escravos para o quilombo do Jabaquara. Em 14 de março de 1886 participou da sessão solene no Teatro Guarani, onde foram alforriados os escravos de Santos. Em 1887 fez parte do Congresso Republicano de São Paulo. Publicou *Relicário*, em 1888,

Rosa, rosa de amor, em 1901, *Poemas e canções*, seu livro primordial, com prefácio de Euclides da Cunha, em 1908, seguidos por *Verso e prosa*, 1909, *A voz do sino*, 1916, além de muitas outras obras em prosa, jurídicas, teatrais, discursos, etc. Casou-se em 1888, tendo 15 filhos. Foi deputado ao Congresso Constituinte do Estado de São Paulo. Em 1892 assumiu a Secretaria do Interior do Estado. Tornou-se fazendeiro de café e depois sócio de uma empresa de navegação, mas continuou sua atividade jurídica e jornalística, fundando, em 1905, *O Jornal*. Em 1907, em consequência de um acidente durante uma pescaria, teve o braço esquerdo amputado. Dois anos depois entrou para a Academia Brasileira de Letras, na cadeira nº 29, vaga de Artur Azevedo, mas não chegou a tomar posse. Em 1911 ingressou na Academia Paulista de Letras. Três anos depois tornou-se desembargador do Tribunal de Justiça do Estado. Faleceu em Santos, a 24 de abril de 1924. O poema do autor de "Pequenino morto" copiado por Murilo Mendes, "Cair das folhas", em oito quadras de redondilhas maiores com rimas alternadas, sendo as dos versos pares sempre agudas, assemelha-se mais com um *lied* romântico alemão do que com qualquer poesia que se esperaria de um parnasiano, parecendo, na verdade, quase uma paráfrase do poema "Não me deixes!", de Gonçalves Dias, publicado nos *Novos cantos*.

Cair das folhas. *"Deixa-me, fonte!" Dizia / A flor, tonta de terror. / E a fonte, sonora e fria, / Cantava, levando a flor. // "Deixa-me, deixa-me, fonte!" / Dizia a flor a chorar... / "Eu fui nascida no monte, / Não me leves para o mar." // E a fonte, rápida e fria, / Com um sussurro zombador, / Por sobre a areia corria, / Corria levando a flor. // "Ai! balanços do meu galho, / Balanços do berço meu; / Ai! claras gotas de orvalho / Caídas do azul do céu!" // Chorava a flor, e gemia, / Branca, tonta de terror. / E a fonte sonora e fria / Rolava, levando a flor. // "Adeus, sombra das ramadas, / Cantigas do rouxinol! / Ai! festa das madrugadas, / Doçuras do pôr do sol! // Carícias das brisas leves / Que abrem rasgões de luar... / Fonte, fonte, não me leves, / Não me leves para o mar!..." // As correntezas da vida / E os restos do meu amor / Resvalam numa descida / Como a da fonte e da flor...*

ANTÔNIO NOBRE (1867-1900)

Antônio Nobre, o "Anto", o poeta do *Só*, "o livro mais triste que há em Portugal", exerceu imensa influência nas duas grandes literaturas de língua portuguesa, bastando para isso lembrar o seu influxo sobre Florbela Espanca e sobre a primeira fase do nosso Manuel Bandeira, que na *Cinza das horas*, seu livro de estreia, em 1917, publica este soneto em homenagem ao poeta, cujo original pertence, aliás, ao autor destas linhas:

A Antônio Nobre

Tu que penaste tanto e em cujo canto
Há a ingenuidade santa do menino;
Que amaste os choupos, o dobrar do sino,
E cujo pranto faz correr o pranto:
Com que magoado olhar, magoado espanto
Revejo em teu destino o meu destino!
Essa dor de tossir bebendo o ar fino,
A esmorecer e desejando tanto...
Mas tu dormiste em paz como as crianças.
Sorriu a Glória às tuas esperanças
E beijou-te na boca... o lindo som!
Quem me dará o beijo que cobiço?
Foste conde aos vinte anos... Eu nem isso...
Eu, não terei a Glória... nem fui bom.
                            Petrópolis, 3-2-1916

Maior nome do Simbolismo português depois do insuperável Camilo Pessanha, isso levando em conta a impossibilidade de se classificar Cesário Verde apenas como simbolista, e não levando em conta o nível em que simbolistas ou pós-simbolistas são em grande parte o Fernando Pessoa ele mesmo, Sá-Carneiro, a já mencionada Florbela Espanca, entre outros, nasceu Antônio Nobre no Porto, em 16 de agosto de 1867, mesmo ano de Camilo Pessanha. Passa parte da infância e adolescência na quinta familiar do Seixo e em Leça da Palmeira, onde se impregna da paisagem física e humana de sua terra. Dotado de grande precocidade, aos 14 anos escreve os primeiros versos. Frequenta a boêmia portuense, e em 1888 parte para Coimbra, onde cursará Direito na Universidade. Reprovado duas vezes, vive numa das torres da muralha medieval de Coimbra, que passará a ser conhecida como a Torre de Anto. Parte para Paris em outubro de 1890. Lá toma conhecimento das grandes correntes literárias, e em 1892 publica o *Só*, livro que o consagra definitivamente. Em 1892 e 1893 está em Portugal, mas forma-se pela Sorbonne em 1895. Doente dos pulmões pelo menos desde 1891, sua vida se transforma numa longa peregrinação em busca da cura, pelos Açores, Estados Unidos, Ilha da Madeira, Suíça – onde esteve em Davos-Platz e Clavadel, na qual também ficou internado Manuel Bandeira –, até retornar a Portugal, onde morre tuberculoso, em Foz do Douro, a 18 de março de 1900. Em 1902 foram editadas as *Despedidas*, e em 1921 os *Primeiros versos*. Poeta que conseguiu uma admirável fusão entre os elementos mais tradicionais da alma portuguesa com o seu *taedium vitae* de doente e de dândi internacional e com as conquistas estéticas do Simbolismo, dele copiou Murilo Mendes o famosíssimo soneto em decassílabos "Ó Virgens que passais, ao sol poente", escrito no Porto em 1886.

Virgens!. *Ó Virgens que passais, ao sol poente, / Pelas estradas ermas, a cantar! / Eu quero ouvir uma canção ardente, / Que me transporte ao meu perdido Lar. // Cantai-me, nessa voz onipotente, / O sol que tomba, aureolando o Mar, / A fartura da seara reluzente, / O vinho, a graça, a formosura, o luar! // Cantai! Cantai as límpidas cantigas / Das ruínas do meu Lar desaterrai / Todas aquelas ilusões antigas // Que eu vi morrer num sonho, como um ai ... / Ó suaves e frescas raparigas, / Adormecei-me nessa voz... Cantai!*

EUGÊNIO DE CASTRO (1869-1944)

Eugênio de Castro e Almeida, o introdutor do Simbolismo em Portugal, nasceu em Coimbra a 4 de março de 1869. Formado na cidade natal, no Curso Superior de Letras, torna-se adido à legação de Portugal em Viena. Pouco depois abandona a carreira diplomática, ingressando no magistério. Viaja para a França em 1889, de onde traz as novidades da nova escola, que eclode com o seu livro *Oaristos*, de

1890, onde encontramos alguns exemplos ortodoxos e ostensivos das práticas sonoras do Simbolismo. Alcança imensa fama nacional e europeia, tendo Gabriele D'Annunzio chegado a afirmar, em certa época, que os grandes poetas da Europa eram ele e Eugênio de Castro. De sua obra imensa, podemos citar: *Cristalizações da morte*, 1884, *Canções de abril*, 1884, *Jesus de Nazaré*, 1885, *Per umbram*, 1887, *Horas tristes*, 1888, *Horas*, 1891, *Silva*, 1894, *Interlúnio*, 1894, *Belkiss*, 1894, *Tirésias*, 1895, *Sagramor*, 1895, *Salomé e outros poemas*, 1896, *A nereide do Harlem*, 1896, *O Rei Galaor*, 1897, *Saudades do céu*, 1899, *Constança*, 1900, *Depois da ceifa*, 1901, *Poesias escolhidas*, 1902, *A sombra do quadrante*, 1906, *O anel de Polícrates*, 1907, *A fonte do sátiro*, 1908, *Poesias de Goethe*, 1909, *O filho pródigo*, 1910, *O cavaleiro das mãos irresistíveis*, 1916, *Camafeus romanos*, 1921, *A tentação de São Macário*, 1922, *Canções desta negra vida*, 1922, *Cravos de papel*, 1922, *A mantilha de medronhos*, 1923, *A caixinha das cem conchas*, 1923, *Descendo a encosta*, 1924, *Chamas duma candeia velha*, 1925, *Éclogas*, 1929, *Últimos versos*, 1938, *Sonetos escolhidos*, 1944. Suas *Obras poéticas*, em 10 volumes, foram publicadas entre 1927 e 1944, ano em que faleceu, na sua cidade natal, em 17 de agosto. Dono de admirável virtuosismo formal, escreveu, independente de tudo quanto exista de um gosto específico do seu tempo através de sua obra, não poucas obras-primas da poesia em língua portuguesa. Dele é o poema comentado por Fernando Pessoa nos seis sonetos de "Em busca da beleza", esta conhecida e esplêndida

Epígrafe

Murmúrio de água na clepsidra gotejante,
Lentas gotas de som no relógio da torre,
Fio de areia na ampulheta vigilante,
Leve sombra azulando a pedra do quadrante,
– Assim se escoa a hora, assim se vive e morre...
Homem, que fazes tu? Para quê tanta lida,
Tão doidas ambições, tanto ódio e tanta ameaça?
Procuremos somente a Beleza, que a Vida
É um punhado infantil de areia ressequida,
Um som de água ou de bronze e uma sombra que passa.

que serviu também para uma curiosa e nem sempre justa comparação com um poema de Manuel Bandeira, feita por Jorge de Sena. De Eugênio de Castro, copiou Murilo Mendes, fora uma pequena canção traduzida de Goethe, "Ilusão", em três quadras em redondilha maior, o "Soneto" em decassílabos que começa pelo verso "Tua frieza aumenta o meu desejo". É fato curioso, entre os poemas do álbum, a ausência dos grandes simbolistas brasileiros, enquanto aparece o mais ostensivo dos lusitanos, Eugênio de Castro, e simbolistas menores, como Guerra Duval. Nada de Cruz e Sousa ou Alphonsus de Guimaraens. Em parte isto explica-se pelo tom menor do álbum, em parte pelos equívocos do gosto mais geral da época. No segundo volume de *O Rio de Janeiro do meu tempo*, por exemplo, publicado em 1938, escreve Luís Edmundo, o grande cronista da cidade, e retratando esta opinião corrente fora dos círculos simbolistas, o seguinte:

> O movimento português, porém, nesse particular, sinceramente, e de passagem, supera o brasileiro. Só os livros de Eugênio de Castro, Antônio Nobre, Cesário Verde e *Os simples* de Guerra Junqueiro valem por toda a literatura aparecida no gênero, e pelo tempo, no Brasil. Cruz e Sousa, o negro magnífico, criador do *Missal* e dos *Broquéis*, ao lado de um Nobre, de um Eugênio de Castro e até de um Cesário Verde não será como a luz de uma vela de sebo comparada ao esplendor do sol no pino do meio-dia, mas é um poeta inferior. Bem inferior.

Para além da duvidosa classificação de Cesário Verde como pura e simplesmente simbolista, creio que ninguém endossaria hoje tal opinião.

Soneto. *Tua frieza aumenta o meu desejo; / Fecho os meus olhos para te esquecer; / E quanto mais procuro não te ver, / Quanto mais fecho os olhos mais te vejo. // Humildemente, atrás de ti rastejo, / Humildemente, sem te convencer, / Enquanto sinto para mim crescer / Dos teus desdéns o frígido cortejo. // Sei que jamais hei de possuir-te, sei / Que outro, feliz, ditoso como um rei, / Enlaçará teu virgem corpo em flor. // Meu coração no entanto não se cansa: / Amam metade os que amam com esp'rança, / Amar sem esp'rança é o verdadeiro amor.*

•

Ilusão (Goethe). *Move-se além, na janela / Da vizinha o cortinado. / À espreita vê, a donzela, / Se eu estou em casa encerrado. // E se a raiva ciumenta, / Que alimentei todo o dia, / Inda a minh'alma apoquenta, / Pois que eu eterna a dizia, // Ai de mim! tal pensamento / Não tem a linda menina: / De tarde, bem vejo, é o vento / A doidejar co'a cortina.*

ARTHUR LOBO (1869-1901)

Nasceu em Montes Claros, em 8 de setembro de 1869. Jornalista e homem de letras, fundou a revista *Contemporânea*, em Sabará, em 1889. Cursou a Escola de Minas de Ouro Preto, mas acabou por transferir-se para Sabará antes do fim do curso. Em 1892, antes de casar-se e mudar-se para a Bahia, colabora com poesias na revista *Folha Azul*. Foi professor de português na

Escola Normal de Uberaba e tesoureiro da Prefeitura de Belo Horizonte. Publicou o romance *Rosais* em 1899, a novela *O outro* em 1901, e os livros de poemas *Ritmos e rimas*, em 1891, *Evangelhos*, em 1893, *Kermesse*, no mesmo ano, entre outros. Faleceu em Belo Horizonte, em 25 de setembro de 1901. Em 1906 publicaram-se os contos de *Serões e lazeres*. O soneto em decassílabos copiado por Murilo Mendes, "Despedida", traz um tom crepuscular algo indefinido, muito comum no fim do século passado.

Despedida. *Tinhas a dor no peito reprimida, / e a dor no peito reprimida eu tinha; / a tua mão estremecia unida... / unida junto ao coração e à minha. // E assim ficamos, ai de mim! retida / uma explosão de lágrimas... e vinha / – na angústia atroz daquela despedida – / vinha caindo a lânguida tardinha. // Eu me entregava àquela dor veemente / enquanto que sorrias tristemente, / o olhar tranquilo, o riso de bondade, // E à luz crepuscular, etérea e mansa / sorria em teu olhar uma esperança / e em meu olhar chorava uma saudade.*

LUÍS ROSA (1869-1895)

Luís José da Rosa nasceu na Província do Rio de Janeiro, em 1869. Poeta e jornalista, foi redator da

Semana e de *O País*, usando comumente o pseudônimo de Sílvio Túlio. Publicou *Primeiras rimas*, em 1891, *Imagens e visões*, em 1893, e *Lótus*, em 1894. Faleceu a 2 de fevereiro de 1895, aos 26 anos de idade. É apenas como tradutor de uma canção de Heine, "Encosta a tua face delicada", que ele aparece entre o elenco de poetas copiados por Murilo Mendes.

(*H. Heine*). *Encosta a tua face delicada / À minha fonte pálida; porquanto / Quero ver, minha amada, / O teu pranto fundir-se com o meu pranto: // Agora deixa que o meu peito que ama / Fique preso ao teu seio por instantes / Para que os nossos corações amantes / Queimem-se à luz da mesma ardente chama. // E depois quando sobre a chama perto / A torrente das lágrimas cair, / Apertando-te mais – pálida flor! // Hei de morrer feliz, feliz decerto, / Satisfeito e a sorrir / Num delírio de amor.*

ZEFERINO BRASIL (1870-1942)

Talvez o maior dos poetas gaúchos de tendência simbolista, ainda que com início romântico e posteriormente sensível a influências bilaquianas, Zeferino Antônio de Sousa Brasil nasceu em Taquari, a 26 de abril de 1870. Formou-se em 1889 pela Escola Normal de Porto Alegre, trabalhando na Diretoria-Geral da

Fazenda Provincial. Dedicou-se ao jornalismo e à poesia. Figura de poeta boêmio, com cabeleira excêntrica, teve grande popularidade em Porto Alegre, sendo eleito "Príncipe dos Poetas do Rio Grande do Sul". Publicou *Alegros e surdinas*, em 1891, *Traços cor-de-rosa*, em 1893, *Vovó musa*, seu grande livro, em 1903, seguido de *Comédia da vida*, em duas séries, 1897 e 1914, *Visão do ópio*, 1906, *Na torre de marfim*, 1910, *Teias de luar*, 1924, *Alma gaúcha*, 1935, além de obras em prosa e para teatro. Faleceu em Porto Alegre em 2 de outubro de 1942. Seu poema transcrito por Murilo Mendes, "Balada", é de clima violentamente romântico, mas não destituído de uma sutil influência simbolista.

Balada. *I. As estrelas fulgiram docemente, / Os roseirais em flor, o lírio albente / Descerraram as pét'las orvalhadas... // De luz e aroma todo o azul se encheu... / E ela, a princesa loura das baladas / Nasceu... II. As estrelas choraram tristemente, / Os roseirais em flor, o lírio albente / Desfolharam as pét'las orvalhadas... / De pranto e luto todo o azul se encheu... / Quando a princesa loura das baladas / Morreu!*

FRANCISCA JÚLIA (1871-1920)

Francisca Júlia da Silva, o maior nome feminino do nosso Parnasianismo, nasceu em Xiririca, hoje Eldorado, em São Paulo, em 31 de agosto de 1871. Com 8 anos transfere-se para a capital do Estado. Após colaborar em diversos periódicos de São Paulo e do Rio de Janeiro, publica *Mármores*, em 1895, com prefácio de João Ribeiro, que, anteriormente, ao ler poesias suas, não acreditou que fossem de uma mulher, atribuindo-as a Raimundo Correia. O livro tem grande repercussão nacional. Após editar o *Livro da infância*, em 1899, publica *Esfinges*, também com prefácio de João Ribeiro, em 1903, e *Alma infantil*, em 1912. Casa-se em 1916, com Filadelfo Edmundo Munster, telegrafista da Central do Brasil. Em 1917 é homenageada pelos poetas paulistas, que oferecem um busto seu à Academia Brasileira de Letras. Em 1º de novembro de 1920, horas após o falecimento do marido, por tuberculose, morre a poetisa, em circunstâncias não totalmente esclarecidas, provavelmente suicídio, tendo sido enterrada no dia de Finados, no cemitério do Araçá, com grande comparecimento de poetas, inclusive alguns modernistas de primeira hora, como Oswald de Andrade, Menotti Del Picchia e Guilherme de Almeida. Encimando o seu túmulo há uma grande estátua de Brecheret, "Musa impassível", referindo-se a um título da poetisa que se transformou quase em um epíteto seu. Suas *Poesias* foram publicadas em 1961, organizadas por Péricles Eugênio da Silva Ramos. É autora de alguns dos mais ortodoxos poemas do nosso Parnasianismo, como o já lembrado "Musa impassível" e "Dança de centauras". O soneto em decassílabos copiado por Murilo Mendes, "No baile", tem a mesma ambiência de nobreza galante de tantas outras peças do álbum, inclusive com a presença de um marquês e de uma marquesa.

No baile. *Flores, damascos... é um sarau de gala. / Tudo reluz, tudo esplandece e brilha; / Riquíssimos bordados d'escumilha / Envolvem toda a suntuosa sala. // Moços, moças levantam-se: a quadrilha / Rompe; num suave perfume o ar trescala / E Flora, a um canto, envolta na mantilha, / Espera que o marquês venha a tirá-la... // Finda a quadrilha, rompe a valsa inglesa / E ela não quer dançar! ela, a marquesa / Flora, a menina mais formosa e rica! // E ele não vem! Enquanto finda a valsa, / Ela, triste, a sonhar, calça e descalça / As finíssimas luvas de pelica.*

GUERRA DUVAL (1872-1947)

Adalberto Guerra Duval nasceu em Porto Alegre em 31 de maio de 1872. Após os preparatórios no Rio Grande do Sul, formou-se pela Faculdade de Direito de São Paulo, em 1892. Em 1900 publica seu único livro, *Palavras que o vento leva...*, obra que introduz o verso livre na poesia brasileira. Como jornalista, foi secretário do semanário *Rua do Ouvidor*.

Em 1905 ingressou na carreira diplomática. Foi segundo-secretário em Roma, servindo depois em Buenos Aires e Assunção. Em 1911 passou a primeiro-secretário, em Londres. Nomeado ministro residente na Colômbia, permaneceu na capital inglesa, de onde repatriou muitos brasileiros retidos pela eclosão da Primeira Guerra Mundial. Em novembro do mesmo ano tornou-se ministro plenipotenciário, passando para a Holanda em 1916 e, em 1920, para a Alemanha. No mesmo ano assumiu o cargo em Roma, alcançando em 1933 o posto de embaixador em Lisboa, onde se aposentou em 1938, voltando para o Rio de Janeiro. Faleceu em Petrópolis, a 15 de janeiro de 1947. Dândi excêntrico, causando escândalo com os seus versos e as suas roupas, foi autor de uma poesia requintada, com influência de Maeterlinck. Dele, Luís Edmundo deixou registrado um curioso retrato, no segundo volume de *O Rio de Janeiro do meu tempo*. O poema copiado por Murilo, "Versos do riso", em forma de soneto invertido, mas não no esquema rímico, dá ideia do estilo do autor, menos o famoso versilibrismo.

Versos do riso. *Para o chocalho d'oiro do teu riso, / Para rimar o riso da tua boca, / Palavras tilintando como um guizo, // Cristais e flautas, pássaros trinando / À luz,* champagne *rútilo que espoca,* / *E o teu riso a vibrar de quando em quando,* // *Como tremula uma bandeira branca* / *E trá lá lá, essa risada franca* / *A rir do bem, do mal, das coisas sérias,* / *Numa alegria de estudante em férias.* // *Riso canoro na tristeza ambiente;* / *E, quando te ouve rir, supõe a gente* / *Que tu deves de ter, Riso que canta,* / *Um noivado de melros na garganta.*

BATISTA CEPELOS (1872-1915)

Manuel Batista Cepelos nasceu em Cotia, São Paulo, a 10 de dezembro de 1872. De origem humilde, transferiu-se para a capital do Estado em 1893, assentando praça na Força Pública. Participou, em 1894, da campanha contra os revoltosos do Paraná. A partir de 1895, ano em que publica o poemeto "A derrubada", inscreve-se nos preparatórios do Curso Anexo para a Academia de Direito, onde entra em 1898. Formou-se em 1902, publicando na mesma época *O cisne encantado*. Em 1904 abandona a sua corporação, entrando para o Ministério Público e transferindo-se para Apiaí, como promotor. Em 1906 publica *Os bandeirantes*, com prefácio de Olavo Bilac. Publicou também *Os corvos*, 1907, *Vaidades*, 1908, *Maria Madalena*, 1915, e *O vil metal*, 1910, entre outros. Fica noivo da filha do senador

Peixoto Gomide, vice-presidente do Estado. Às vésperas do casamento, o futuro sogro mata a filha e se mata. Após a tragédia inexplicável, enquanto circulavam boatos de que o poeta seria irmão da futura noiva, Batista Cepelos, em grande prostração moral, abandona a profissão e transfere-se para o Rio de Janeiro. Nesta capital, o deputado federal Martim Francisco o convida para ser seu secretário particular, e depois consegue a sua nomeação para promotor em Cantagalo. Durante a Semana Santa, a sua peça *Maria Madalena* é representada com grande êxito. No dia 8 de maio, véspera de uma reestreia da peça, o corpo do poeta é encontrado por alguns meninos no fundo de uma casa da rua Pedro Américo, embaixo da Pedreira da Glória. Figura típica do Neoparnasianismo, o seu poema reproduzido por Murilo Mendes, "Canção das águas", com suas estrofes polimórficas e versos de pés diversos, apresenta, no entanto, uma inegável influência simbolista.

Canção das águas. *"Adeus, montes altivos! adeus, fragas! / Adeus, ramos em flor, / Que miráveis a fronte em nossas águas, / Suspirando de amor! // Nas aldeias risonhas e singelas, / Era de ver-se as raparigas / Mirarem-se nas águas, como estrelas, / Entre risadas e cantigas! // E, num raio de sol macio e louro, / Enfiávamos pérolas e gemas, / Como num fio de ouro / Preparando colares e diademas // Para os* *colos reais e as cabecinhas / Maliciosas, tafuis, / Das nossas formosíssimas rainhas / De olhos meigos e azuis. // Ah! mas tudo passou, em dois instantes. / E foi melhor passar, / Que, nós, os Rios, somos semelhantes / A esses homens ingratos inconstantes, // Que vivem a sonhar; / Eles vão para o Ideal, sempre risonho, / Enquanto nós, em nosso eterno sonho, / Corremos para o Mar... // Dizem que o mar tem vastidões infindas, / Por onde os naves, sacudindo os mastros / Levam riquezas e mulheres lindas, / Como um céu cheio de astros... // Que, de noite, ao luar, sobre as areias, / Divagam as Ondinas cor de opala; / E, para ouvir o canto das sereias, / De repente, em redor, tudo se cala... // E, num contínuo, mole rodeio, / De rocha em rocha batendo os flancos, / Giram as Ondas, em cujo seio / Rolam punhados de lírios brancos..." // E, assim cantando, os claros Rios, / Da cor de um líquido luar, / Foram correndo, luzidios, / Numa cegueira louca / Para a medonha boca / Do Mar... // Ah! nunca mais a correnteza mansa, / Entre gentis risadas e cantigas, / Há de beijar a veludosa trança / Das ingênuas e alegres raparigas!*

FRANCISCO MANGABEIRA (1879-1904)

Francisco Cavalcanti Mangabeira nasceu em Salvador a 8 de fevereiro de 1879. Em 1894, aos 15 anos de idade, inicia o curso de Medicina. Foi médico voluntário na Campanha de Canudos, em 1897, ainda estudante. No ano seguinte publica *Hostiários*. Formando-se em 1900, emprega-se na Companhia Maranhense, viajando pelo Amazonas e pelo Acre, de onde envia as "Cartas do Amazonas" para o *Diário de Notícias*. Médico voluntário do 40º Batalhão de Infantaria, entusiasma-se pelo movimento revolucionário de Plácido do Castro no Acre, do qual se torna secretário. Escreve o "Hino acriano". Adoece de empaludismo e dermatoses diversas em Capatará, de onde é levado para Manaus, onde fica aos cuidados do seu amigo, o dr. Vivaldo Lima. Agravando-se o seu estado, sofrendo de polinevrite, embarca de volta à Bahia no vapor *São Salvador*. Falece às 2 da tarde de 27 de janeiro de 1904, entre Belém e São Luís, na altura de Gurupi, exclamando: "Como é que morre um poeta de 25 anos!". Maior nome do Simbolismo baiano, influenciado por Cruz e Sousa e Antônio Nobre, publicou ainda *Tragédia épica*, poema narrativo sobre a guerra de Canudos, e, postumamente, *Últimas poesias*, em 1906, as *Visões de santa Teresa*, no mesmo ano, e finalmente *Poesias*, sem data, pelo *Anuário do Brasil*. Deste poeta de vida aventurosa copiou Murilo Mendes "Quadras", série de quatro quadras populares em redondilha maior e rimas alternadas, e, em forma idêntica, a quadra "Quem vive sem um carinho" e o par de quadras, igualmente independentes entre si, que começa com o verso "O amor é uma criancinha", todas retiradas sem ordem específica das "Quadras para viola", série de 18 publicadas com este título nas *Últimas poesias*, exemplos de um modo menor e folclórico em um poeta de estro muito mais ambicioso.

Quadras. *Meu amor é minha viola. / E meu triste coração / Uma infeliz castanhola, / Que tu estalas na mão... // Eu sou um padre tristonho / Que benze, cheio de dor, / O esquife de cada sonho / Na tumba de cada amor. // Ao bico de uma andorinha / Que foi no rumo do sul, / Mandei-te hoje uma cartinha / Com laços de fita azul. // Vou quebrar essa viola, / Porque do meu coração / Cai-me a pobre castanhola / Toda em pedaços no chão.*

•

Quem vive sem um carinho / Carrega pesada cruz. / É como uma ave sem ninho / Um oratório sem luz.

•

O amor é uma criancinha, / Que usa coroa e bordão, / Uma inocente rainha / Que vive esmolando pão. // Já rezaste a Santo Antônio, / E ele, maldoso, te deu / Para marido um demônio... / E este demônio sou eu!

ALFREDO DE ASSIS (1881-1977)

Alfredo de Assis Castro nasceu em Riachão, no Maranhão, em 14 de janeiro de 1881. Formado pela Faculdade de Direito do Recife, foi professor de Português e Literatura na Escola Normal de São Luís e em outros colégios. Foi diretor do Liceu Maranhense e da Biblioteca Pública de São Luís, além de secretário-geral do Governo do Estado. Aposentou-se como desembargador do Tribunal de Justiça. Foi um dos sócios fundadores da Academia Maranhense de Letras, onde ocupava a cadeira nº 7. Fundou, com Humberto de Campos, em Belém, a revista *Alma Nova*. Publicou *Coisas da vida*, em 1916, *Um crítico*, em 1917, *Alocuções*, em 1918, *Gonçalves Dias*, em 1920, e *A linguagem das sextilhas de Frei Antão*, em 1939, além de diversas obras jurídicas. Faleceu em 29 de setembro de 1977, sendo então o último poeta vivo entre os reproduzidos por Murilo Mendes, ele mesmo morto havia dois anos. O "Soneto" em decassílabos copiado no álbum, que se inicia com o verso "As tuas mãos sedosas, pequeninas", parte de um tom puramente galante para uma resolução mais especificamente lírica. Vale a pena registrar que há outro poeta com o nome de Alfredo Assis, o paulista Alfredo Eugênio de Assis, advogado, nascido em 1889 e autor do livro *Chama extinta*. Como não conseguimos compulsar a obra de nenhum dos dois, e lembrando que na época havia uma grande difusão de poemas pela imprensa, deixamos consignada esta cabível dúvida de autoria, apesar da fama muito maior do maranhense.

Soneto. *As tuas mãos sedosas, pequeninas, / Fidalgas mãos, ebúrneas, delicadas, / Parecem-me compostas de neblinas, / Entre os beijos da luz das madrugadas. // E mais realçam essas mãos divinas / As tuas unhas cândidas, rosadas, / E as riscas ondeantes e bem finas / Das caprichosas veias onduladas... // Ai! quem me dera que essas mãos mimosas / A estrada de um futuro cor de rosas / E a tenda do descanso me apontassem; // Ai! quem me dera, pois, que essas mãozinhas / Se entrelaçassem no noivado às minhas / E que na morte os olhos me cerrassem!*

MARTINS FONTES (1884-1937)

Um dos nomes centrais do Neoparnasianismo, hoje mais lembrado pelo seu rico anedotário do que por sua obra, José Martins Fontes nasceu em Santos, em 23 de junho de 1884. Em 1901, ainda estudante, conheceu Olavo Bilac, de quem já era fervoroso admirador e de quem se tornou grande amigo. Nas rodas da boêmia literária, afirmava Bilac para os outros jovens ser Martins Fontes "o maior de vocês todos". Em 1907 formou-se na Faculdade de Medicina do Rio de Janeiro, tendo, durante o curso, colaborado largamente na imprensa. Montou consultório em Santos. Durante a Primeira Grande Guerra trabalhou com Bilac na Agência Americana, de divulgação de produtos brasileiros, com sede em Paris. Em 1917 publica seu primeiro e mais famoso livro, *Verão*. Casa-se em 1919. Ligado à campanha eleitoral de Júlio Prestes, caiu numa espécie de ostracismo com a Revolução de 30. Dedicando-se à poesia e ao Positivismo, morreu na sua cidade natal em 25 de junho de 1937. Publicou também *Marabá*, 1921, *Pastoral*, do mesmo ano, *As cidades eternas*, 1923, *Prometeu* e *Boêmia galante*, 1924, *Volúpia*, 1925, *Vulcão*, 1926, *A fada Bombom*, 1927, *O céu verde*, 1928, *A flauta encantada*, 1931, *Scherazade* e *Sombra, silêncio e sonho*, 1933, *Paulistânia*, 1934, *Nos rosais das estrelas*, *Guanabara*, *I fioretti* e *Sol das almas*, 1936, *Canções do meu vergel* e *Indaiá*, 1937, além de numerosas obras póstumas, entre elas *Nos jardins de Augusto Comte*, 1938. Desta figura típica de epígono do nosso Parnasianismo, que entre outras façanhas anedóticas se casou com uma macieira, copiou Murilo Mendes o soneto em decassílabos que começa pelo verso "Adeus. O teu amor me torturava:" e o poema "Religião", em quadras de octassílabos com rimas alternadas, as pares esdrúxulas, o primeiro em tom sentimentalmente confessional, o segundo ornamentalmente galante.

Adeus. *O teu amor me torturava: / Era uma rosa que, se às vezes tinha / No perfume a doçura que eu sonhava, / Também espinhos bem cruéis continha. // Contra a própria vontade é que eu te amava, / Sem a esperança de que fosses minha / Por teu orgulho, não serás escrava. / Por meu orgulho, não serás rainha. // Adeus. Beijo-te a mão, tendo a certeza / De que procuras, disfarçando o pranto, / Não demonstrar a mínima tristeza. // E ambos sorrindo, e pálidos de espanto, / Em nossos olhos vemos, com surpresa; / Que é por capricho que sofremos tanto!*

•

Religião. *Creio que Deus foi inspirado / Pelo ideal de um grande amor! / E, como um Poeta apaixonado, / Fez a mulher e fez a flor. // Fez, completando a obra divina, / Para ser justo em seu mister, / Da rosa, a carne feminina, / O lírio, da alma da mulher. // Vivem na terra confundidas / Essas imagens ideais, / Ambas formosas e queridas, / Mas tão diversas, sendo iguais... // Pois nem o lírio, nem a rosa, / Tem esse encanto singular, / Essa expressão maravilhosa, / Que há no sorriso de um olhar! // Oh! a mulher é incomparável! / Não tem um símile sequer! / É indefinível e adorável! / É mais que a flor, porque é mulher! // Ela é a suprema inspiradora! / Ela é a suprema adoração! / E criatura, e criadora, / Ela é maior que a criação!*

CORREIA DE ARAÚJO (1885-1951)

Raimundo Correia de Araújo nasceu em Pedreiras, no Maranhão, a 29 de maio de 1885. Formou-se pela Faculdade de Direito do seu Estado. Foi professor de História Universal e Sociologia no Liceu Maranhense, além de diretor da Biblioteca Pública do Estado. Poeta e jornalista, foi membro da Academia Maranhense de Letras, na cadeira nº 16. Publicou *Harpas de fogo*, 1903, *O evangelho de moço*, 1906, *Pela pátria*, 1908, *Pedreiras*, 1921, *A educação moral*, 1922, *Cristãos e teósofos*, 1923, *A reencarnação na Bíblia e na História*, 1924, *O fenômeno religioso no mundo da poesia*, 1928, *Canto das cigarras*, 1946, *O tiranete de Atenas*, no mesmo ano, entre outros. Faleceu em São Luís em 24 de agosto de 1951. Dele copiou Murilo Mendes o soneto em decassílabos "Em desespero", com a temática tradicional do sofrimento pelo amor não correspondido.

Em desespero. *Sabes que te amo, sabes, e no entanto / Olhos fechas e sátiras me atiras: / Julgas que os versos meus em que te canto / Não são mais que perjúrios e mentiras. // Que sacrilégio, santo Deus! Deliras! / Dizer tal, tanto horror produzes, tanto, / Que até os astros estremecem de iras / E as flores ficam trêmulas de espanto. // Mas amo, e que fazer?! Se* *não há cura / Para males menores, ai! tampouco. / Não há remédio para tal loucura. // E o desespero que me esvai não finda / E vou ficando cada vez mais louco / Vendo que ficas cada vez mais linda.*

OSVALDO ARAÚJO (1887-1975)

José Osvaldo de Araújo nasceu em Indaiá, Minas Gerais, em 11 de março de 1887. Advogado, jornalista, professor e poeta, foi membro da Academia Mineira de Letras. Publicou, além da colaboração na imprensa, *Canções de um sonho distante*, 1947, *A fonte da beleza*, 1951, *Palavras que lembram momentos amáveis: Mário de Andrade*, 1965, entre outros. Faleceu em Belo Horizonte, a 13 de fevereiro de 1975, exatamente seis meses antes de Murilo Mendes. O soneto em decassílabos copiado pelo autor de *Mundo enigma*, "Duquesa", é um exemplo típico do quadro de gênero, com certo ar medievalista e a mesma atração, mas agora com um historicismo justificativo, pela ambiência da nobreza que encontramos em B. Lopes e no soneto aqui reproduzido do Conde de Monsarás.

Duquesa. *Do pálacio real na vasta sala, / – Primor sem par de antiga arquitetura – / Foi muita vez o príncipe beijá-la / Na* *mão de aristocrática finura. // Essa Duquesa de que a história fala / Era um mimo de graça e formosura... / Daria o Sangue e a vida por amá-la / Quem de seus olhos visse a alma doçura. // Certa vez, afastando um reposteiro, / Viu-lhe o príncipe aos pés um cavalheiro... / E, matando-o no duelo mais brutal, // Apresentou, sorrindo, à loira amada, / Na ponta delgadíssima da espada, / O coração sangrento do rival!*

AFONSO LOPES DE ALMEIDA (1888-1953)

Filho de Filinto de Almeida e Júlia Lopes de Almeida, esta a mais prestigiosa figura feminina da prosa brasileira em sua época, e irmão da declamadora Margarida Lopes de Almeida, Afonso Lopes de Almeida nasceu no Rio de Janeiro em 21 de dezembro de 1888. Formado em Direito, entrou para a carreira diplomática, integrando a delegação brasileira à Conferência da Paz em Versalhes. Foi depois cônsul em países da Europa e do Oriente Médio. Publicou *Terra e céu*, em 1914, *Evangelho da bondade e outros poemas*, em 1921, *A árvore*, em colaboração com a mãe, *No ano primeiro da era nova* e *O gênio rebelado*, em 1923, e *Mãe*, em 1945. Faleceu em 12 de janeiro de 1953. Dele copiou Murilo Mendes o pequeno poema, em apenas seis versos de nove sílabas, "Felicidade".

Felicidade. Criança, estrela que a escuridade / Da vida aclara com luz sublime, / Como te chamas, risonho ser? / Felicidade. / – Felicidade! / Deram-te um nome que nada exprime... / Felicidade que vem a ser?

OLEGÁRIO MARIANO (1889-1958)

O mais novo dos poetas reproduzidos no álbum, Olegário Mariano Carneiro da Cunha nasceu no Recife em 24 de março de 1889, filho do grande abolicionista José Mariano e irmão do estudioso e colecionador de arte colonial do mesmo nome do pai. Muda-se para o Rio de Janeiro em 1897, tendo sido aluno de Alberto de Oliveira no colégio Pio-Americano. Matriculou-se na Faculdade de Direito, sem a cursar, indo trabalhar no cartório do pai. Estreou aos 15 anos com *Visões de moço*, prefaciado por Guimarães Passos. Amigo de todos os escritores do rico período da passagem do século, colaborou ativamente na imprensa. Casou-se em 1911. Eleito "Príncipe dos Poetas Brasileiros" em 1926, entrou na mesma época na Academia Brasileira de Letras, ocupando a cadeira nº 21. Em 1930 ganhou um cartório de Getúlio Vargas, como o pai ganhara o seu de Rodrigues Alves. Foi deputado à Assembleia Constituinte de 1934 e embaixador do Brasil em Portugal. Poeta de imensa popularidade, cognominado "O poeta das cigarras", escreveu também a letra para alguns clássicos do cancioneiro popular. Faleceu no Rio de Janeiro em 28 de novembro de 1958. Publicou *Angelus*, 1911, *Sonetos*, 1912, *Evangelho da sombra e do silêncio*, 1913, *Água corrente*, prefaciado por Olavo Bilac, 1917, *Últimas cigarras*, 1920, *Castelos na areia*, 1922, *Cidade maravilhosa*, 1923, *Destino*, 1931, *Teatro*, 1932, *Canto da minha terra*, 1933, *O enamorado da vida*, 1937, *Quando vem baixando o crepúsculo*, 1944, *Cantigas de encurtar caminho*, 1948, entre outros. Sua produção poética foi reunida nos dois volumes de *Toda uma vida de poesia*. Representante típico de um estilo híbrido entre o Neoparnasianismo e o Neossimbolismo que, com bom artesanato e certa superficialidade emocional e filosófica, manteve enorme popularidade no Brasil concomitantemente com a atividade dos grandes poetas surgidos a partir do Modernismo, de Olegário Mariano copiou Murilo Mendes no álbum o muito conhecido poema "A canção da folha morta", em redondilha maior, e "Paisagem holandesa", em dodecassílabos – não alexandrinos, pois a cesura só é mantida ocasionalmente –, ambos típicos do estilo do autor.

A canção da folha morta. Folha! Caíste a meu lado, / Lágrima verde dos ramos! / És o Presente e o Passado / De tudo que nós amamos. // Na minha funda tristeza / De homem boêmio e singular, / És um resto de beleza, / De sorriso, boca e olhar. // A vida! Que bem me importa?! / A vida és tu, folha morta. // Por um poente humano e frio / De bruma, pardo e sem fim, / Morreste com o meu destino, / Levando um pouco de mim. // No teu todo de abandono / De humana delicadeza, / Vibram saudades do Outono / E angústias da natureza. // Ninhos, campânulas, galhos, / Amavam-se em alvoroço... / Os meus cabelos de moço / Iam ficando grisalhos // E um dia... (quanto chorei!) / Folha, caíste a meu lado, / Trazendo todo o passado / E a saudade do que amei... // A vida... que bem me importa!? / A vida és tu, folha morta.

•

Paisagem holandesa. Não me sais da memória. És tu, querida amiga, / Uma imagem que eu vi numa aquarela antiga. / Era na Holanda. Um fim de tarde. Um céu lavado; / Frondes abrindo no ar um pálio recortado... / Um moinho à beira d'água e imensa e desconforme / A pincelada verde-azul de um barco enorme. / A casaria além... Perto o cais refletindo / Uma barra de sombra entre as águas bulindo... / E debruçada ao cais, olhando a tarde imensa / Uma rapariguita olha as águas e pensa... / É loura e triste. Nos seus olhos claros anda / A mesma paz que envolve a paisagem da Holanda. / É tudo quieto. Uma ave passa, arminho e gaza, / À flor d'água acenando adeus com o lenço da asa... / É a saudade de alguém que anda distante, a esmo, / Com a paisagem da Holanda *escondida em si mesmo / Com aquela rapariga a sofrer e a cismar / Num pôr de sol que dá vontade de chorar... // Ai não ser eu um moinho isolado e tristonho / Para viver como na paz de um grande sonho, / A refletir a minha vida singular / Na água dormente, na água azul do teu olhar!*

UMA VISÃO GERAL

São estes, portanto, os poetas e os poemas do álbum. Para terminar, podemos estabelecer, estatisticamente, uma visão final. Dos 37 poemas, 34 são originais, 3 são traduções, ambas da língua alemã, e de dois poetas românticos, Goethe, neste caso o Goethe romântico, e Heine. Dos 27 poetas de língua portuguesa, 22 são brasileiros e 5 portugueses, contando-se Gonçalves Crespo como português, o que é prática geral, aparecendo um dos brasileiros apenas como tradutor. Dos 22 brasileiros, 6 são paulistas, 5 do Rio de Janeiro, 4 maranhenses, 3 gaúchos, 2 pernambucanos, 1 paraense e 1 baiano. Quanto à divisão em escolas, optando pela feição dominante de cada poeta, ou seja, contando Luís Guimarães Júnior, por exemplo, como parnasiano antes do que como romântico, temos 3 românticos, 15 parnasianos ou neoparnasianos e 7 simbolistas ou neossimbolistas. Enfim, da totalidade dos poetas, e tomando 1919 como o ano-base das transcrições, 15 estavam vivos e 12 mortos. O caráter poético da seleção deste álbum de moça copiado por Murilo Mendes é, portanto, majoritariamente de poesia brasileira, de autores vivos e de estética parnasiana, com uma índole galante e ornamental. As origens, razões e atribuições da escolha, estas estão perdidas no tempo, e o que nos resta é ler os poemas e conviver com o mistério.

Alexei Bueno
Rio de Janeiro, 23/28-1-1999

Títulos da Coleção
Sabor Literário

1. *Sobre arte, sobre poesia*, de Ferreira Gullar
2. *Caminhando*, de H. D. Thoreau, com apresentação de Roberto Muggiati
3. *Diário de uma viagem da baía de Botafogo à cidade de São Paulo*, de William Henry May, com prefácio de José Mindlin e apresentação de Jean Marcel Carvalho França
4. *Cartas de viagem e outras crônicas*, de Campos de Carvalho, com apresentação de Antonio Prata
5. *Cenas londrinas*, de Virginia Woolf, com apresentação de Ivo Barroso
6. *Censura e outros problemas dos escritores latino-americanos*, de Antonio Callado, com apresentação de Villas-Bôas Corrêa
7. *Vinte dias com Julian e Coelhinho, por papai*, de Nathaniel Hawthorne, com apresentação de Paul Auster
8. *As religiões no Rio*, de João do Rio, com apresentação de João Carlos Rodrigues
9. *Harpo fala... de Nova York*, de Harpo Marx, com apresentação de E. L. Doctorow
10. *O banqueiro anarquista*, de Fernando Pessoa, com apresentação de Francisco Maciel Silveira
11. *FUP*, de Jim Dodge, com apresentação de Marçal Aquino
12. *Parque industrial*, de Patricia Galvão (Pagu) como Mara Lobo, com apresentação de Geraldo Galvão Ferraz
13. *Poemas*, de Konstantinos Kaváfis, com apresentação de José Paulo Paes

14. *Queijo*, de Willem Elsschot, com apresentação de Marcelino Freire
15. *Alguns poemas traduzidos*, de Manuel Bandeira, com apresentação de Leonardo Fróes
16. *Máximas e pensamentos*, de Chamfort, com organização e apresentação de Cláudio Figueiredo
17. *Paris França*, de Gertrude Stein, com apresentação de Inês Cardoso
18. *Bartleby, o escrivão*, de Hermann Melville, com apresentação de Jorge Luis Borges
19. *O mundo do sexo*, de Henry Miller, com apresentação de Otto Maria Carpeaux
20. *O real e seu duplo*, de Clément Rosset, com apresentação de José Thomaz Brum
21. *Mulheres viajantes no Brasil (1764-1820)*, de Jemima Kindersley, Elizabeth Macquarie e Rose Freycinet, com organização e apresentação de Jean Marcel Carvalho França
22. *O ideal do crítico*, de Machado de Assis, com organização e apresentação de Miguel Sanches Neto
23. *Seis contos escolhidos e comentados por José Mindlin*, de Machado de Assis, com apresentação de Manuel da Costa Pinto
24. *Você nunca chegará a nada*, de Juan Benet, com apresentação de Bella Jozef
25. *Hollywood: A Meca do Cinema*, de Blaise Cendrars, com apresentação de Affonso Romano de Sant'Anna
26. *Vida e morte da Antropofagia*, de Raul Bopp, com apresentação de Régis Bonvicino
27. *Desabrigo e outras narrativas*, de Antônio Fraga, com organização e apresentação de Maria Célia Barbosa Reis da Silva

28. *Sede do mal*, de Gore Vidal, com apresentação de Marcos Soares
29. *Feia de rosto*, de Arthur Miller, com apresentação de Roberto Muggiati
30. *Sobre os escritores*, de Elias Canetti, com apresentação de Ivo Barroso
31. *As pequenas raposas*, de Lillian Hellman, com apresentação de Maria Sílvia Betti
32. *Corrida selvagem*, de J. G. Ballard, com apresentação de Antonio Gonçalves Filho
33. *A infância do mago*, Hermann Hesse, com apresentação de Samuel Titan Jr.
34. *Se eu morrer, telefone para o céu*, de José Cândido de Carvalho, com apresentação de Arlete Parrilha Sendra
35. *Vale do Paraíba: velhas fazendas*, Sérgio Buarque de Hollanda, com apresentação de Jean Marcel Carvalho França e Antônio Celso Ferreira
36. *Curso de filosofia em seis horas e quinze minutos*, de Witold Gombrowicz, com apresentação de Francesco M. Cataluccio
37. *Movimentos Modernistas no Brasil (1922-1928)*, de Raul Bopp, com apresentação de Gilberto Mendonça Teles

Este livro foi impresso nas oficinas da
Rona Editora, Rua Henriqueto Cardinalli, nº 280,
bairro Olhos D'água, Belo Horizonte, Minas Gerais,
para a Editora José Olympio Ltda. e Pró-reitoria de Cultura da
Universidade Federal de Juiz de Fora,
em maio de 2012.

*

80º aniversário desta Casa de Livros fundada em 29.11.1931